中国社会科学院国情调研特大项目"精准扶贫精准脱贫百村调研"

精准扶贫精准脱贫百村调研丛书
CASE STUDIES OF TARGETED POVERTY REDUCTION AND
ALLEVIATION IN 100 VILLAGES

李培林／主编

精准扶贫精准脱贫
百村调研·打安村卷

发展特色产业与黎族村脱贫之路

潘　劲　张德生　朱月季　何长辉　陈国汉　罗富晟　李　春／著

社会科学文献出版社
SOCIAL SCIENCES ACADEMIC PRESS (CHINA)

中国社会科学院国情调研特大项目
"精准扶贫精准脱贫百村调研"
项目协调办公室

主　任：王子豪
成　员：檀学文　刁鹏飞　闫　珺　田　甜　曲海燕

总　序

　　调查研究是党的优良传统和作风。在党中央领导下，中国社会科学院一贯秉持理论联系实际的学风，并具有开展国情调研的深厚传统。1988年，中国社会科学院与全国社会科学界一起开展了百县市经济社会调查，并被列为"七五"和"八五"国家哲学社会科学重点课题，出版了《中国国情丛书——百县市经济社会调查》。1998年，国情调研视野从中观走向微观，由国家社科基金批准百村经济社会调查"九五"重点项目，出版了《中国国情丛书——百村经济社会调查》。2006年，中国社会科学院全面启动国情调研工作，先后组织实施了1000余项国情调研项目，与地方合作设立院级国情调研基地12个、所级国情调研基地59个。国情调研很好地践行了理论联系实际、实践是检验真理的唯一标准的马克思主义认识论和学风，为发挥中国社会科学院思想库和智囊团作用做出了重要贡献。

　　党的十八大以来，在全面建成小康社会目标指引下，中央提出了到2020年实现我国现行标准下农村贫困人口脱贫、贫困县全部"摘帽"、解决区域性整体贫困的脱贫攻坚目标。中国的减贫成就举世瞩目,如此宏大的脱贫目标世所罕见。到2020年实现全面精准脱贫是党的十九大提出的三大攻坚战之一,是重大的社会目标和政治任务,中国的贫困地区在此期间也将发生翻天覆地的变化,而变化的过程注定不会一帆风顺或云淡风轻。记录这个伟大的过程,总结解决这个世界性难题的经验,为完成这个攻坚战献计献策,是社会科学工作者应有的责任担当。

2016年,中国社会科学院根据中央做出的"打赢脱贫攻坚战"战略部署,决定设立"精准扶贫精准脱贫百村调研"国情调研特大项目,集中优势人力、物力,以精准扶贫为主题,集中两年时间,开展贫困村百村调研。"精准扶贫精准脱贫百村调研"是中国社会科学院国情调研重大工程,有统一的样本村选择标准和广泛的地域分布,有明确的调研目标和统一的调研进度安排。调研的104个样本村,西部、中部和东部地区的比例分别为57%、27%和16%,对民族地区、边境地区、片区、深度贫困地区都有专门的考虑,有望对全国贫困村有基本的代表性,对当前中国农村贫困状况和减贫、发展状况有一个横断面式的全景展示。

在以习近平同志为核心的党中央坚强领导下,党的十八大以来的中国特色社会主义实践引导中国进入中国特色社会主义新时代,我国经济社会格局正在发生深刻变化,脱贫攻坚行动顺利推进,每年实现贫困人口脱贫1000多万人,贫困人口从2012年的9899万人减少到2017年的3046万人,在较短时间内实现了贫困村面貌的巨大改观。中国社会科学院组建了一百支调研团队，动员了不少于500名科研人员的调研队伍，付出了不少于3000个工作日，用脚步、笔尖和镜头记录了百余个贫困村在近年来发生的巨大变化。

根据规划，每个贫困村子课题组不仅要为总课题组提供数据，还要撰写和出版村庄调研报告，这就是呈现在读者面前的"精准扶贫精准脱贫百村调研丛书"。为了达到了解国情的基本目的，总课题组拟定了调研提纲和问卷，要求各村调研都要执行基本的"规定动作"和因村而异的"自选动作"，了解和写出每个村的特色，写出脱贫路上的风采以及荆棘！对每部报告我们都组织了专家评审，由作者根据修改意见进行修改，直到达到出版要求。我们希望，这套丛书的出版能为脱贫攻坚大业写下浓重的一笔。

中共十九大的胜利召开，确立习近平新时代中国特色社会主义思想作为各项工作的指导思想，宣告中国特色社会主义进入新时代，中央做出了社会主要矛盾转化的重大判断。从现在起到2020年，既是全面建成小康社会的决胜期，也是迈向第二个百年奋斗目标的历史交会期。在此期间，国家强调坚决打好防范化解重大风险、精准脱贫、污染防治三大攻坚战。2018年春节前夕，习近平总书记到深度贫困的四川凉山地区考察，就打好精准脱贫攻坚战提出八条要求，并通过脱贫攻坚三年行动计划加以推进。与此同时，为应对我国乡村发展不平衡不充分尤其突出的问题，国家适时启动了乡村振兴战略，要求到2020年乡村振兴取得重要进展，做好实施乡村振兴战略与打好精准脱贫攻坚战的有机衔接。通过调研，我们也发现，很多地方已经在实际工作中将脱贫攻坚与美丽乡村建设、城乡发展一体化结合在一起开展。可以预见，贫困地区的脱贫攻坚将不再只局限于贫困户脱贫，我们有充分的信心从贫困村发展看到乡村振兴的曙光和未来。

是为序！

全国人民代表大会社会建设委员会副主任委员

中国社会科学院副院长、学部委员

2018 年 10 月

前　言

　　作为一种社会生活中的经济现象，贫困在各个时期各个区域都不同程度地存在。摆脱贫困，消灭贫困一直是政府、社会和贫困者本人努力的目标。我国从新中国成立以来就开始开展扶贫工作，1986 年开始了规模化、专业化、组织化的扶贫实践。当时，国家成立了专门的扶贫机构，确定贫困标准，并划定了 273 个国家级贫困县，之后经历了 1994 年的"87 扶贫攻坚计划"和 2001 年撤销沿海发达地区所有国家级贫困县，增加中西部地区贫困县的数量两个阶段。经过 30 多年的努力，我国的扶贫工作取得了举世瞩目的成就，但扶贫工作一直以粗放的方式发展，贫困地区发展滞后问题没有根本改变，贫困人口生产生活仍然十分困难。全面建成小康社会，最艰巨最繁重的任务在农村，特别是在贫困地区农村。据 2016 年国民经济和社会发展统计公报，按照每人每年 2300 元（2010 年不变价）的农村贫困标准计算，2016 年我国农村贫困人口仍有4335 万人，脱贫攻坚任务依然艰巨。

　　2013 年 11 月，习近平总书记到湖南湘西考察时首次作出了"实事求是、因地制宜、分类指导、精准扶贫"的重要指示，提出了"精准扶贫"的重要思想。2014年1月，中办国办印发了《关于创新机制扎实推进农村扶贫开发工作的意见》，提出建立精准扶贫工作机制。2014年3月，习近平参加两会代表团审议时强调，要实施精准扶贫，瞄准扶贫对象，进行重点施策。2015年6月，习近平到贵州调研，提出扶贫开发"贵在精准，重在精准，成败之举在于精准"。2015年12月，《中共中央 国务院关于打赢脱贫攻坚战的决定》明确提出把精准扶贫、精准脱贫作为基本方略，加快贫困人口精准脱贫。2016年11月，国务院印发《"十三五"脱贫攻坚规划》，阐明"十三五"时期国家脱贫攻坚总体思路、基本目标、主要任务和重大举措。2017年6月，中办国办印发了《关于支持深度贫困地区脱贫攻坚的实施意见》，对深度贫困地区脱贫攻坚工作作出全面部署。2017年10月，习近平在中国共产党第十九次全国代表大会开幕式上再次提出，要坚决打赢脱贫攻坚战，"确保到二〇二〇年我国现行标准下农村贫困人口实现脱贫，贫困县全部摘帽，解决区域性整体贫困，做到脱真贫、真脱贫"。

为了及时了解和展示我国当前处于脱贫攻坚战最前沿的贫困村的贫困状况、脱贫动态和社会经济发展趋势，从村庄脱贫实践中总结当前精准扶贫和精准脱贫的经验教训，为进一步的精准脱贫事业提供经验和政策借鉴，中国社会科学院组织实施精准扶贫精准脱贫百村调研（简称"扶贫百村调研"）国情调研特大项目，对全国范围内兼具代表性和典型性的100个贫困村开展村庄国情调研。村庄调研的主要内容包括村庄基本状况、贫困状况及其演变、贫困的成因、减贫历程和成效、脱贫及发展思路和建议等，以及在调研过程中结合村庄特点的专题性研究。项目安排在海南省选择一个样本村。依据项目要求，经与海南省扶贫办联系，多次与白沙县扶贫办沟通，入村走访后，最终确定在打安镇打安村进行调研。

全国各地经济发展水平和资源禀赋存在差异，贫困地区的贫困程度与原因也不尽相同。对打安村的调研，有助于认识海南省当前精准扶贫和精准脱贫的实践，把握海南省扶贫脱贫现状、问题和形势，准确把握海南省少数民族聚居地区农村居民贫困状况与原因、扶贫政策实施与效果，同时与全国被选代表村庄进行比较，以探索创新脱贫思路。此外，打安村作为黎族聚居村落，对于反映我国少数民族生存状态也具有重要参考价值。通过打安村调研，可以更加直接地了解少数民族地区农村的贫困状况，分析贫困特征并针对性施策，全面落实精准扶贫精准脱贫，让少数民族地区的农民在全面建成小康社会、共同富裕的进程中不掉队。

根据项目安排，要求完成农户问卷调研，村问卷填写、村"两委"访谈、村民代表访谈（小规模座谈会）、各种专题性调查和补充性调查等基本调研任务，至少调研三次。本课题在初步调研摸底村庄整体情况基础上，重点开展农户问卷调查，又经过两次补充调研和多次对接完善材料等环节，最后完成了基础素材的收集。调研报告以海南省和白沙县的农村贫困现状、扶贫工作为背景，对打安村的经济社会发展、产业变迁、村庄治理、居民生活、贫困现状、扶贫工作开展等进行描述分析，试图以一个村庄为例反映精准扶贫工作的具体进展。

本研究共分八章。具体内容如下。

第一章介绍调研的背景及调研工作开展情况；第二章以海南省为背景介绍村庄实施精准扶贫的大环境和主要政策措施；第三章分析打安村所在的白沙县自海南建省以来开展扶贫工作的历程；第四章重点分析村庄基本情况、资源分布、产业变迁、村庄治理和基层民主以及村民贫困状况等；第五章对调查样本进行统计分析；第六章重点分析样本贫困户的现状与扶贫效果；第七章则总结打安村扶贫实践的特色与亮点；第八章是研究结论与相关对策建议。

本项研究认为，打安村的扶贫实践能够较好反映海南省精准扶贫工作的总体情况，可以反映精准扶贫的工作和效果。各级党委政府出台了一揽子政策措施，实施了一系列扶贫工程，保证了大量人力物力财力投入，精准脱贫工作在较短时间内取得了积极成效。贫困户享受到包括医疗、教育、社保、住房、产业、就业方面的政策帮扶，逐步稳定脱贫。贫困户对精准扶贫的效果整体评价较好，满意度也比较高，总体上反映了扶贫工作的良好效果。

产业扶贫是打安村扶贫的亮点，天然橡胶产业作为支柱产业，为该地脱贫致富做出了重要的贡献，目前在打安村仍具有不可替代的作用。当地在拓展新的产业方面，例如种桑养蚕、养蜂、引进豪猪和种植茶树菇等特色产业，并试图以此带动贫困户脱贫。以天然橡胶为主体的农业产业结构正在改变，但橡胶产业的重要地位依然难以撼动。新的产业在能人的带动下，合理地设计利益机制并进行有效管理，才能实现产业发展的可持续性。

让贫困户有持续稳定的收入，稳定提高脱贫质量，巩固脱贫成果，防止脱贫后返贫的任务还比较严峻，在提高扶贫的精准度和有效性等工作方面还有很多工作要做。本报告试图从长效机制和短期改进上，提出完善精准扶贫的五点建议：要把农民脱贫致富与区域经济发展一起考虑；增强农户脱贫的内生动力；依靠发展产业解决贫困问题；立足教育改变村民，摆脱贫困；改进精准扶贫工作方式方法。不过，真扶贫、扶真贫、真脱贫，关键是各类参与主体和贫困户共同努力。海南省政府已发布《海南省打赢脱贫攻坚战三年行动计划》，有序推进 2018~2020 年的精准扶贫、精准脱贫工作，海南才能如期打赢脱贫攻坚战。

目　录

第一章

调研概况

第一节　村庄选择

一　样本村选择标准

中国社会科学院国情调研特大项目"精准扶贫精准脱贫百村调研",对全国范围内兼具代表性和典型性的100个贫困村开展村庄调研。村庄指行政村。样本村抽样由项目协调办公室负责。样本村选择允许有一部分非贫困县的贫困村和达到一定贫困程度的非贫困村。但是为了突出重点,贫困县内的样本村比例和重点贫困村的样本比例应当更高。对于拟立项的非重点贫困村,应当具备一定的贫困

程度，以村贫困人口达到 200 人或贫困发生率达到 25%
为入选的基本条件。为了能够给"十三五"脱贫攻坚战提
供更多经验，项目设计允许选择一部分"十二五"脱贫
村，比例不大于 30%。对于"十三五"脱贫村，不限制其
比例。鉴于我国地域条件和贫困人口分布的广泛性与多样
性，样本村分布也应当具备地域代表性，包括区域（东中
西）、省份、扶贫攻坚片区、民族地区、边境地区等。

二 打安村的确定

海南省下辖 4 个地级市，5 个县级市，4 个县，6 个
自治县，是中国最大的也是唯一的省级经济特区。海南省
陆地面积小，总面积只有 3.54 万平方公里，而海域面积
广阔，有 200 多万平方公里。作为欠发达经济省份，海南
省的经济总量小，人口和相应的贫困人口数量也比较少。
2015 年全省年末常住人口 910.82 万人，贫困人口 47.7 万，
贫困户 11.6 万户，其中稳定脱贫人口 31.7 万人，7.5 万户，
需巩固提升人口 16 万人，4.1 万户，贫困发生率 8.9%[1]。
由于贫困人口分布广、贫困程度较深，海南省仍然是脱贫
攻坚任务较重的省份之一。

海南省贫困人口主要分布在少数民族聚居区、中部山
区、革命老区、北部火山岩地区和沿海干旱地区。5 个国定
贫困县（市）保亭县、琼中县、五指山市、临高县、白沙县

---

[1] 王凤龙：《海南农村脱贫攻坚任务单》，《海南日报》2016 年 10 月 17 日。

均位于中西部，其中 3 个为少数民族自治县。显然，海南省的贫困问题集中在中西部少数民族聚居区。据此，调研组确定了白沙黎族自治县为调研的目标县。该县位于海南省中西部山区，对外交通不便，黎族占全县总人口比重超过 60%。

同为国家级贫困县，白沙黎族自治县和琼中黎族苗族自治县曾被戏称为"一穷二白"。白沙县地处中部山区，也是少数民族聚居区。2017 年，全县总人口 20.3 万人（含农垦 5.9 万人），共有 11 个乡镇，82 个村（居）委会，428个自然村。20 世纪 90 年代，白沙曾一度摘掉了国贫县的帽子，但由于发展基础不牢靠，2002 年重新成为国贫县。2015 年，22 个行政村被列为贫困村，涉及贫困人口 30834人（建档立卡贫困户），贫困发生率高居海南省第二。

选择打安镇打安村作为调研样本村有其典型意义。打安村位于海南省白沙黎族自治县西北部，距离县城约 12 公里。打安村为打安镇下属行政村，打安镇下设打安村、长岭村、远征村、可雅新村、可雅老村和保尔村六个村民小组。2016年，打安村共 1396 人，305 户，其中建档立卡贫困户 78 户，贫困人口 328 人，贫困发生率为 23.5%。农民人均纯收入4800 元。打安村为传统黎族村庄，是较为典型的少数民族贫困村，长期以来，天然橡胶是农户的重要收入来源。农户也种植水稻，养殖鸡鸭鹅等家禽，但商品化较低，主要用于家庭食用。2014 年以来天然橡胶价格低迷，导致从事橡胶种植的农户家庭收入锐减，打安村村民贫困问题凸显。在精准扶贫精准脱贫工作下，政府部门落实了大量扶贫政策，包括产业扶贫，打安村自此开始探索发展其他特色产业。

海南省通过探索"集中扶贫资金、集中扶贫对象、集中解决制约贫困地区发展的突出问题"的"三集中"扶贫和以"帮思想、帮门路、帮资金、帮技术"为主要内容的联手扶贫，使全省的扶贫工作取得显著成效。白沙县县委、县政府压实责任，在省扶贫工作框架下积极实施产业扶贫、生态扶贫、教育扶贫、健康扶贫、危房改造扶贫、电商扶贫、金融扶贫、光伏扶贫、百企帮百村等扶贫举措，以特色产业带动贫困户脱贫，力求两年内完成脱贫攻坚任务。打安村一直以来得到了政府的扶贫政策扶持，特别是在实施精准扶贫精准脱贫战略以来，各类政策措施密集有力，成效明显。打安村是海南省农村贫困、扶贫和脱贫工作的缩影，同时也可以作为我国少数民族贫困村精准扶贫实践的一个典型。

第二节　调研实施与过程

一　调研计划安排

　　1.收集村庄基本信息，制定初步的调研方案与计划

　　村庄的基本信息包括：村庄人口、自然村分布、劳动力外出、贫困人口规模与分布、建档立卡情况、精准扶贫措施、风俗民情等。

2. 做好住户抽样

受样本量限制，进行完全随机、等距、分组等抽样方案很难满足村内贫困户的代表性这一要求。因此，为了保证样本的代表性，本项目采用等距抽样方法，根据打安村的基本情况确定样本户。问卷调查样本单位是住户。对于贫困村的调研，要同时比较贫困户和非贫困户的发展状况。因此，样本村中的样本户抽样必须包含贫困户和非贫困户；同时，住户问卷设计也是同时面向贫困户和非贫困户。

具体抽样方式如下：根据打安村村委提供的建档立卡户名册（含已脱贫）和非建档立卡户名册确立 2 个样本框，分别按照等距抽样方法各抽样 30 户打安村居民作为调查对象。在实际调查过程中，由于存在被抽到的农户不在家或疾病等原因无法进行调查的情况，调研员按照样本框序号就近原则替换样本农户。最终，调研组在打安村共调查了 61 户住户，包括 31 个贫困户和 30 个非贫困户，符合课题要求。在推算村庄总体状况时，用两类户数对各自样本统计数进行加权。

3. 组织实地调研

第一次调研是进行村问卷的填写，收集村住户信息，进行村"两委"访谈、村民代表访谈（小规模座谈会）、各种专题性调查等，对不同人员的访谈分多次完成，与村干部座谈以及村民代表访谈安排在调研的后期进行。

第二次调研是进行问卷调查，向打安村被选入调查的 61 户居民进行半结构式问卷调查，以了解打安村住户的经济、生活以及贫困的基本情况，并辅以其他调查，包括对村问卷未完成部分的补充调查。

第三次调研是开展一次补充性调查，以了解打安村 2017 年上半年最新发展变化，并就相关问题开展补充性和扩展性调查。每次调研后组织数据录入、资料分析，并形成报告。

表1-1　调研安排计划

调研阶段	主要调研内容	成果形式
2016 年 11~12 月	调研组开展第一轮进村调研，主要任务是熟悉村基本情况、开展村问卷调查、收集村住户信息，为开展住户抽样调查做准备	访谈笔记
2017 年 1~4 月	调研组按要求开展住户抽样问卷调查，补充村问卷调查，开展其他必要调查，清理核实问卷数据并交项目协调办公室组织录入	问卷
2017 年 5~12 月	调研组根据研究需要，着手分析资料，撰写调研报告。其中，6~8 月开展一次补充调查，了解 2017 年上半年村庄最新发展变化。8~12 月继续开展资料、数据分析，完成村庄调研报告	调研报告

二　调研开展情况

2016 年 12 月 22 日、2017 年 3 月 10 日，项目组成员到白沙县扶贫办，说明调研项目和安排情况；到打安镇打安村调研，了解村庄情况，获取村庄基本信息，布置村问卷调查。

2017 年 4 月 25~29 日，在省扶贫办政策法规处张俊林等陪同下，项目负责人一行到白沙县，重点入村开展住户问卷调查。与此同时，分别与白沙县扶贫办、打安镇开展座谈，了解白沙县、打安镇扶贫工作情况；开展村"两委"访谈、村民代表访谈。白沙县扶贫办组织了调研动员会，白沙县分管扶贫的何方长副县长出席，打安镇政府相关人员以及打安村两委成员参加。动员会上，潘劲研究员介绍了"精准扶贫精准脱贫百村调研"的总体情况并进行了调查动员，扶贫办丁静副主任和符郭敏镇长分别介绍了白沙黎族自治县和打安镇精准扶贫精准脱贫工作的总体情况与进展，与会者进一步围绕当地精准扶贫精准脱贫工作的有关情况、调研流程及后期工作安排与需要及时解决的问题展开了交流和讨论。调研组入村后，打安镇政府在村委会召开了工作对接会，向调研组介绍了村庄的基本情况和贫困状况，以及村委会扶贫工作的实施情况和脱贫成果，协调住户调查安排。调查组2名老师对村干部进行了村问卷调查，其余成员到农户家中开展住户调查。为保证问卷调查质量，调研前，进行了问卷调查培训，梳理了调查问卷各项指标，统一了对问卷的认知和调查技巧。每天调查结束后，调研组举行例行会议，对当日的问卷调查进行汇总，一起解决问题、借鉴经验，保证第二天的问卷调查能够更加顺利地展开。所有问卷完成后，调研组组员对问卷进行交叉检查，并专人审核，以发现问卷中存在的问题并及时解决。

2017年7月31日至8月3日，项目组成员在原有调查数据基础上开展补充性调查和扩展性调查，完善了村问卷。并与县扶贫办主任邓成耀、副主任丁静、打安镇镇长符郭敏、打安村村委会第一书记管琼林及书记高有才、大学生村官吴俊才等干部群众进行座谈或访谈，了解2017年上半年打安村最新发展变化。

图1-1 课题组在白沙县脱贫攻坚指挥部开展精准扶贫调研动员会

（何昱辛拍摄，2017年4月）

图1-2 课题组在打安村召开调研动员会

（何昱辛拍摄，2017年4月）

图 1-3 课题组成员在打安村进行问卷调研

（何昱辛拍摄，2017 年 4 月）

图 1-4 课题组例行调研总结会议

（何昱辛拍摄，2017 年 4 月）

图1-5　课题组与县扶贫办开展座谈

（何昱辛拍摄，2017年4月）

2017年12月4~6日，项目负责人一行入村，组织完成了贫困户《打安村产业扶贫调查问卷》。并与县扶贫办主任邓成耀、打安镇镇委书记王俊、打安村大学生村官吴俊才、合作社负责人张德志与杨贺顺、脱贫户陈有海与苏圣琼等进行了访谈。

第三节　调研方法与内容概要

一　调研方法

本次调研主要采用深度访谈、问卷调查结合及实地考

图1-6　课题组在打安镇开展调研座谈会

（李春拍摄，2017年7月）

察等方法展开。具体如下。

深度访谈。对省扶贫办、白沙县及打安镇领导、扶贫工作队、打安村村两委成员、农户（含贫困户、非贫困户、合作社负责人等）进行深度访谈。

问卷调查。打安村共有建档立卡户78户，非建档立卡户227户，共计305户。本次调查根据打安村村委会提供的建档立卡户名册（含已脱贫）和非建档立卡户名册确立两个样本框，分别按照等距抽样方法确定调查对象。调查员尽量选择户主或其配偶作为受访对象。在实际调查过程中，由于存在被抽到的农户不在家或疾病等原因无法进行调查的情况，调研员按照样本框序号就近原则替换样本农户。最终，调查小组完成61份农户问卷调查，其中非建档立卡户30份，建档立卡户31份。确定调研样本后，课题组组织人员完成《村调查

第一章

调研概况

图1-7　课题组在打安村与村书记座谈

（张世忠拍摄，2017年4月）

图1-8　课题组在打安村与农户访谈

（朱月季拍摄，2017年12月）

问卷》和《住户调查问卷》以及《打安村产业扶贫调查问卷》。村问卷由村委会干部填写，调查员根据问卷内容向村干部提问，理解困难时调查员会尽可能用通俗的语言进行解释。住户调查问卷则由调查员一对一访谈，采用问答方式进行填写。调查员还会根据问卷前后的问

图1-9　调研组到白沙电商精准扶贫运营中心调研

（何昱辛拍摄，2017年4月）

图1-10　课题组成员考察种桑基地

（张德生拍摄，2017年4月）

题反复确认数据的真实性和准确性。每天调研结束集中开小组会议，一是交流调研情况、总结调研技巧，二是对当天完成的问卷进行交叉检查，并签字。

实地考察。课题组一行考察了白沙电商产业园，村里的各个合作社及其基地。深入贫困户家中地头了解家庭生活生产情况。

图1-11　课题组成员在食用菌养殖大棚前与合作社负责人访谈

（郝小瑶拍摄，2017 年 12 月）

图1-12　课题组成员了解政府免费提供的槟榔苗生长情况

（何昱辛拍摄，2017 年 4 月）

二 报告内容概要

调研报告重点是对村调查和住户问卷调查进行统计描述，并利用调查数据分析打安村精准扶贫工作及其效果，基于调研数据与事实基础，总结白沙县打安村扶贫实践的特色与亮点。调研报告同时还包括对海南省农村贫困和精准扶贫工作的介绍，其目的是将打安村放到整个省域来考察，作为全国百村调研中海南省唯一的样本村庄，既有打安村的特殊性，即山区少数民族贫困问题尤其是长期贫困问题，也考虑整个区域的发展背景，反映了全省精准扶贫精准脱贫所做的工作。报告主要包括以下内容。

（1）介绍调研的背景及调研工作开展情况。主要阐明选取白沙县打安村作为调研点的缘由，同时让读者对调研设计与实施有概貌性的认识。

（2）海南省精准扶贫工作概述。介绍了海南省农村贫困现状与特征，农村贫困形成的原因，精准扶贫主要政策措施、成效与问题。

（3）白沙县打安镇扶贫开发阶段分析。介绍打安村所在的打安镇1988年建省以来的扶贫开发历程，主要分为大规模开发式扶贫阶段（1988~1993年）、扶贫攻坚阶段（1994~2001年）、扶贫开发新阶段（2002~2014年）和精准扶贫阶段（2015年至今）四个阶段。因数据不足不能研究打安村过去的扶贫开发情况，故试图从镇的角度分析来反映打安村历史上的扶贫实践。

（4）基于村庄问卷对打安村的调研统计数据，重点分析了村庄基本情况、资源分布、产业变迁、贫困状况以及村庄治理和基层民主等情况。

（5）调查样本的统计分析。根据 61 份问卷调查（贫困户 31 户，非贫困户 30 户），对该村住户基本情况进行统计分析。主要包括农户个人与家庭特征，生产、劳动与就业，生活、健康与医疗，子女教育与家庭发展。

（6）贫困户样本的贫困状况与扶贫效果。利用 31 户贫困户调查数据进行分析，揭示贫困户的贫困状况与特征，包括贫困户致贫原因、扶贫政策落实情况、第一书记和扶贫工作队工作情况以及扶贫效果分析与评价。

（7）打安村扶贫实践的特色与亮点。从天然橡胶产业发展、特色产业培育、扶贫模式创新等方面总结打安村扶贫实践的特色与亮点。在产业发展上，巩固发展天然橡胶产业，探索发展特色产业这一思路。并以"种植养殖能人带动＋合作社＋贫困户"模式，让贫困户参与特色产业发展，达到精准脱贫、产业可持续发展的目标。

（8）提炼打安村扶贫调研的主要结论，并据此提出进一步改善精准扶贫工作的建议。

第二章

海南省精准扶贫工作概述

第一节 海南省农村贫困现状

一 贫困发生率高、分布集中

　　海南省面积不大、人口不多，但从农村贫困人口的数量来看，具有贫困绝对人口总量小、占比大的特点。2015年底，全省农村贫困人口 11.6 万户 47.7 万人，贫困发生率 8.9%，高于全国 4.5% 的平均水平。① 全省仍有贫困户 14977 户住 D 级危房。截至 2018 年 9 月，海南省共有未脱贫建档立卡贫

① 王凤龙:《海南农村脱贫攻坚任务单》,《海南日报》2016 年 10 月 17 日。

困户 3.3 万户、贫困人口 12.26 万，未出列贫困村 83 个（含 35 个深度贫困村），未脱贫摘帽国定贫困县（市）5 个，全省贫困发生率为 2.2%。[1] 贫困发生率是指地区贫困人口占总人口的比例，是贫困县"摘帽"的重要参考指标之一，原则上贫困发生率要降至 2% 以下（西部地区降至 3% 以下）才可申请退出。2018 年的农村居民贫困标准为 3523 元，2017 年的标准为 3305 元，比 2016 年 2965 元分别增加 558 元和 340 元，而农户增收乏力，退出存在不少压力。

从贫困人口的分布来看，海南省贫困人口较为集中，主要分布在中西部的临高、白沙、琼中、五指山、乐东、东方、昌江、儋州等市县，集中在中西部市县的山区、少数民族集聚区，具有少数民族山区贫困的三大特殊性，即自然地理特性、人文民族特性和长期贫困特性。[2] 从城乡分布看，绝大部分在农村。全省共有 5 个国贫县（市），分别为保亭县、琼中县、临高县、白沙县、五指山市，占全省面积的 52.6%，耕地面积占全省耕地面积的 47.2%，人口占全省总人口的 33.6%，农村家庭从业人员占全省农村家庭从业人员的 42.1%。据统计，2015 年，海南省的国贫县人均可支配收入为 8284 元，较全国平均水平 7543 元高出 741 元，收入水平位于全国第五位，但贫困发生率为 14.4%，高于全国国贫县 13.7% 的平均水平。[3]

---

① 原中倩：《我省发布打赢脱贫攻坚战三年行动计划》，《海南日报》2018 年 9 月 27 日，A01 版。
② 陈全功、程蹊：《少数民族山区长期贫困与发展型减贫政策研究》，科学出版社，2014。
③ 海南调查总队：《海南国定贫困县脱贫：成效与差距》，海南省人民政府网，2016 年 5 月 20 日，http://www.hainan.gov.cn/hn/zwgk/tjdc/hndc/201605/t20160520_2011691.html。

例如，2016年保亭县贫困发生率为19.3%，琼中县为23.7%。此外，还有6个省定贫困县（市），它们分别为定安县、昌江县、乐东县、陵水县、屯昌县、东方市。

二 少数民族贫困发生率较高，代际传递明显

海南省少数民族人口比重较大，据2010年全国人口普查数据，海南少数民族人口总数为142.54万人，占总人口的16.44%。[①]2016年，少数民族人口增加，占总人口的18.2%。黎族、苗族、回族是世居民族。黎族是海南岛上最早的居民，黎、苗、回族大多数聚居在中部、西部、南部的琼中、保亭、白沙、陵水、昌江、三亚、五指山等县市；汉族人口主要聚集在东北部、北部和沿海地区。2016年，国定贫困县（市）保亭县、琼中县、白沙县和五指山市的少数民族人口占总人口比重分别为69.2%、62.8%、65.5%和73.1%。[②]省定贫困县（市）中乐东县、东方市等也属于少数民族聚居区。可见，贫困县（市）中少数民族人口占比较大。且受资源及教育等因素限制，人口素质不高。在2010年全国第六次人口普查中，海南省文盲率在昌江县、东方市、儋州市仍高达10%左右。海南省每十万人受教育程度中初中以下文化程度的占65%。农村环境封闭，教育资源短缺，导致劳动人口劳动技能缺乏，普遍从事简单的体力劳动，收入难以得到显著提升。根据相关统

---

① 《海南省统计年鉴（2017）》。
② 《海南省统计年鉴（2017）》。

计，海南省乡村外出务工人员比例远低于兄弟省份，5个劳动力中只有1个离开本市县外出务工。长此以往，形成了"贫困导致贫困"的封闭循环，出现了代际传递的现象。

三 相对贫困问题严重

绝对贫困解决的是生存问题，相对贫困解决的是发展问题。任何地区都存在相对贫困问题，相对贫困问题严重，说明发展存在不平衡不充分等问题。党的十九大报告指出，我国社会主要矛盾已经转化为人民日益增长的美好生活需要和不平衡不充分的发展之间的矛盾。因此，解决农村贫困问题，既要重视绝对贫困，也要重视相对贫困。

海南省的相对贫困问题主要表现在以下两个方面：第一，农村居民与城镇居民之间的收入差距。海南省统计局数据分析，海南省城镇常住居民与农村常住居民人均可支配收入之间的比例差距不断扩大，自1988年建省时的1.96∶1已发展至2016年的2.40∶1。第二，国贫县农村居民与海口、三亚市农村居民之间的收入差距。根据表2-1，5个国定贫困县（市）农村居民年人均可支配收入明显低于海口市、三亚市农村居民年人均可支配收入。近年来，尽管各市县农村年人均收入均在增加，且临高县农村居民收入明显高于其他国贫县（市），但大部分国贫县（市）与海口、三亚之间的收入差距持续扩大。可喜的是，白沙县与海口、三亚的收入差距基本持平，甚至有所减小，而琼中与海口的收入差距明显减小。但从总体来讲，

国定贫困县（市）与海口、三亚农村居民年人均收入差距
仍然较大，基本维持在 2000~3000 元。

表 2-1　海南省有关市县农村居民年人均可支配收入

单位：元

年份	保亭县	琼中县	临高县	白沙县	五指山市	海口市	三亚市
2011	4482	4383	5542	4738	4780	7191	7582
2012	5598	5546	6548	5785	5783	8134	8825
2013	6443	6478	7517	6701	6650	9155	9795
2014	7834	7883	8833	7902	7642	10630	11285
2015	8735	8782	9707	8732	8490	11635	12228
2016	9696	9713	10678	9649	9398	12679	13360

资料来源：《海南省统计年鉴》（2011~2017）。

第二节　海南省农村贫困形成的原因

一　"穷省"的历史发展视角下形成的贫困

受自然地理偏远、交通运输困难等限制，长期以来海
南的主要产业是热带农业，且以小规模种植为主。工业基
本以家庭手工业生产为主，工厂手工业生产微乎其微，机
器工业生产尤其步履维艰。直至 1887 年，才在开采昌江
石碌铜矿资料中有"料理机器"的文献记录。到了 1930

年代初，才开始有 20 余间纺织工厂，后来又因战争逐渐停产。[1]真正开始打下现代工业的底子，则在新中国成立之后。海南经济发展长期处于孤立和封闭状态，发展底子相当薄弱，经济之树犹如一棵"实生树"，虽历时成长开花结果，但产量不高、品质较低、发展较慢、影响力小。

1988 年建省办经济特区以后，海南省肩负党和国家的期望，迎来了较为快速的发展，截至 2017 年，海南地区生产总值、人均生产总值、地方财政收入分别较 1987 年增长 21.8 倍、14.3 倍、226.8 倍。但与珠海、深圳、厦门、汕头四大经济特区相比，发展还是比较落后。截至 2016 年，海南省 GDP 不到深圳 2009 年 GDP 的一半，人均 GDP 同样不到 2009 年深圳的一半。在经济全球化的背景下，海南省 2016 年外贸出口总额 140.68 亿美元，分别只相当于深圳 2009 年外贸出口总额和 2016 年外贸出口总额的 1/12 和 1/120。总之，建省 30 年的海南仍属于欠发达省份。海南与其他四大经济特区 GDP 增长比较如图 2-1 所示。

在海南发展基础薄弱的前提下，因为经济发展不力，贫困问题容易产生，具体可分为以下原因。

一是地理、交通原因。由于琼州海峡阻隔及本省经济发展动力不足，市场有限，海南在引进人才、技术、资金等生产要素方面与其他地区相比仍然较为乏力，岛内自给

---

① 陈光良:《海南经济史研究》，中山大学出版社，2010，第 346 页。

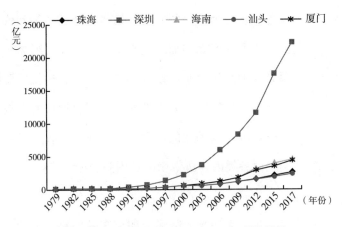

图 2-1　海南省与四大经济特区 GDP 增长比较

要素与经济发展需求之间产生不平衡。海南岛相对独立的地理位置进一步制约了岛内居民在经济、教育等方面的提升，进而更加难以在缺乏外界支持的情况下得到发展。

二是历史原因。海南发展起步晚，1988 年建省后，全省大力发展市场经济，提出"分三步走"超常规发展战略，迎来了全省房地产热，经济的主要拉动力是房地产业。1988~1992 年间，GDP 年均增长 12%。1992 年，海南地区生产总值增幅创造了 40% 以上的神话，但这一模式很快进入了低谷。1994 年，海南出现房地产泡沫，直到 2006 年，才基本完成对积压房屋的处理。此外，1989 年洋浦开发区原本想引进外资大力发展港口贸易，但因太过超前，引发了"洋浦风波"，导致错过了发展良机。

三是产业原因。海南以传统农业为主，农产品的利润来源主要集中于初始生产环节，而技术落后，资金紧缺，造成自然资源的可开发量很少。由于缺乏产品深加工、物流管理及更为广泛的销售渠道等，产品销售和价值增值受损。资源的产地和加工地与市场交易相互隔离，要开发资源必须配套建设基础设施和相关工程，这就需要投入巨额资金。这种投资量大、见效慢、回收期长的大规模资源开发是地方难以承受的。因而，高成本低收益导致海南难以摆脱由各类因素所带来的贫困问题。

总而言之，海南"三流"（人流、物流、资金流）进出不畅，无法与大陆形成频繁高效的要素流动、交换；且人口少，收入低，内需不足，市场容量小，岛内市场拉动经济增长动力小；工业化进程缓慢，技术实力低；劳动大军与人才队伍薄弱；具有品牌影响力产品少，海南发展工业的源动力显得不足，这些都是海南农村贫困产生的基础原因。

二　贫困地区经济发展水平不高

在经济总量上，海南省与国内其他发达省份相比，本就处于较低发展水平，印证了海南总体自主发展的大环境略有不足。在这一背景下，海南5个国贫县（市）（保亭县、琼中县、临高县、白沙县、五指山市）的发展水平更显不足。从GDP数据来看，2016年海南GDP总值为4044.51亿元，保亭县、琼中县、临高县、白沙县、五指山市GDP总值分别仅为41.57亿元、43.42亿元、159.98亿元、43.45亿元、24.48亿元，分别占海南省18个市县GDP总量的1.03%、1.07%、3.96%、1.07%、0.62%，占比非常小，与海口、三亚两大市的 GDP 相去甚远，表明海南贫困地区的经济发展实力偏弱，无法支撑其自主发展。2011~2016 年海南省 5 个国定贫困县（市）、海口市、三亚市 GDP 总值及其与全省 GDP 占比如表 2-2 所示。

表2-2　海南省有关市县 GDP 及其占全省 GDP 比重

单位：亿元

年份	保亭县	琼中县	临高县	白沙县	五指山市	海口市	三亚市
2011	25.71 （1.02%）	26.78 （1.06%）	83.90 （3.33%）	31.23 （1.24%）	16.41 （0.65%）	761.76 （30.20%）	286.50 （11.36%）
2012	30.44 （1.07%）	28.04 （0.98%）	102.20 （3.58%）	33.40 （1.17%）	17.75 （0.62%）	858.49 （30.06%）	324.82 （11.38%）
2013	33.75 （1.06%）	32.01 （1.01%）	116.76 （3.67%）	35.71 （1.12%）	19.72 （0.62%）	989.49 （31.14%）	365.89 （11.51%）
2014	36.72 （1.05%）	35.84 （1.02%）	135.45 （3.87%）	37.39 （1.07%）	21.09 （0.60%）	1091.70 （31.19%）	402.26 （11.49%）
2015	38.56 （1.04%）	39.10 （1.06%）	144.52 （3.90%）	39.96 （1.08%）	22.28 （0.60%）	1161.96 （31.38%）	435.82 （11.77%）
2016	41.57 （1.03%）	43.42 （1.07%）	159.98 （3.96%）	43.45 （1.07%）	24.48 （0.62%）	1257.67 （31.10%）	475.56 （11.76%）

资料来源：《海南省统计年鉴》（2011~2017）。

从产业结构上看，如表 2-3 所示，2016 年海南省一、二、三产业的 GDP 占比分别为 12.3%、16.2%、71.5%，第一、二产业增长对 GDP 的贡献较低，经济增长主要由第三产业发展引致。对于 5 个国定贫困县（市）而言，GDP 三产分布普遍出现了"两头大、中间小"的特点，保亭县、琼中县、临高县、白沙县、五指山市第一产业产值与各市县 GDP 总量占比分别为 39.09%、42.15%、67.43%、46.47%、24.63%，第三产业产值与各市县 GDP 总量占比分别为 48.35%、42.88%、26.33%、42.72%、54.08%，说明 5 个贫困县（市）的基础产业还是以农业为主，经济产出较低。发展良好的县域主导产业是县域经济稳步增长的重要保证。2016 年海南省年末常住人口为 917.13 万人，而 11 个贫困市县的人口就高达 351.76 万人，占总人口的三分之一以上，[①]劳动力十分丰富。但缺乏劳动密集型的县域主导产业，导致无法满足贫困县人口就业需求，也就无法通过劳动致富，摆脱贫困。

表 2-3　2016 年海南省有关市县产业结构

单位：%

地区	第一产业占比	第二产业占比	第三产业占比
海南省	12.3	16.2	71.5
保亭县	39.09	12.53	48.35
琼中县	42.15	14.97	42.88
临高县	67.43	6.24	26.33
白沙县	46.47	10.84	42.72
五指山市	24.63	21.28	54.08
海口市	5.08	18.57	76.35
三亚市	14.05	19.86	66.09

资料来源：《海南省统计年鉴（2017）》。

从财政方面看，海南省贫困地区财政自给率较低，需要依赖上级财政拨款。2016 年海南省 5 个国定贫困重点县（市）地方公共财政预算收入 177385 万元，而公共财政预算支出达 1339215 万元，支出是收入的 7.5 倍，财政赤字达 1161830 万元，财政自给率平均只有 13.2%，而海口市 2016 年财政自给率为 57.7%，相差 44.5 个百分点。[②]

① 《海南省统计年鉴（2017）》。
② 《海南省统计年鉴（2017）》。

在财政自给率指标上，5 个国定贫困县（市）中，排在首位的是保亭县，财政自给率为 26.2%，超过 20%；紧随其后的是五指山市，财政自给率为 19.2%；接下来是琼中县，财政自给率为 12.4%；排在倒数第二的是临高县，财政自给率为 10.3%；白沙县的财政自给率排在末位，仅为 6.4%，比海口市低 51.3 个百分点。①

基础设施建设是实现区域经济效益、社会效益、环境效益的重要条件，对区域经济的发展具有重要作用。在基础设施方面，海南基础设施建设相比较全国而言较为落后，国贫县地区尤为突出。据统计，2016 年海南国贫县（市）居住、照明、管道供水及交通等基础设施建设指标明显低于全省平均水平。国贫县（市）大多处于全岛中部地区，以山区、丘陵等地形为主，交通发展困难，进而限制了资金、技术、人才等生产要素的流入，同时阻碍了剩余劳动力及产品的输出，因而，现代农业发展缓慢，贫困问题无法得到解决。

此外，自然条件恶劣也导致了贫困。贫困地区主导产业为农业，农业从业人员占比普遍较高（如表 2-4 所示）。贫困地区海拔较高，地形以山地、丘陵为主，积温不足，适合农耕地面积较少，土地利用率较低。而且海南 5~11 月频繁出现台风，常使当地基础设施、房屋和农作物等遭受破坏，严重时还会造成人员伤亡。如 2014 年 7 月发生的"威马逊台风"，致使海南全省 18 个市县 216 个乡镇

① 《海南省统计年鉴（2017）》。

（街道）325.829 万人受灾，受灾农作物面积 162.97 千公顷，倒塌房屋 23163 间，基础设施严重损坏，直接经济损失 119.5226 亿元。[1]

表 2-4　2016 年海南省 5 个国定贫困县（市）农业从业人员占比

地区	农村家庭从业人员（人）	农业从业人员（人）	农业从业人员占比（%）
全省	3176889	2197681	69.18
保亭县	56852	50817	89.38
琼中县	61631	53240	86.39
临高县	209130	143838	68.78
白沙县	69296	62507	90.20
五指山市	37451	25624	68.42

资料来源：《海南省统计年鉴（2017）》。

三　农户的致贫可能性和风险较大

从农户角度来看，一是当地市县的经济发展不足，提供就业的岗位不足，农户发展的机会太少。海南的农户大多在本市县内从事农业或砖瓦、建筑等零工工作。从事农业的农户，由于拥有土地面积较少、劳动力不足、受自然灾害影响、受市场价格波动影响等原因，农业收入较低，如果家庭人口较多，常常无法支撑家庭的收入。在农闲的时候，农户往往选择在本乡镇或附近乡镇打零工，补贴家用，收入十分不稳定。

[1] 杨曦、吴胜安：《2014 年海南省十大天气气候事件揭晓"威马逊"位列事件榜首》，南海网，2015 年 1 月 8 日，ttp：//www.hinews.cn/news/system/2015/h01/08/017238211.shtml。

二是海南农民的文化教育程度普遍较低，主要为小学和初中学历。根据 2010 年第六次人口普查数据，全省总人口 8671518 人，具有大学（指大专以上）文化程度的 673630 人；具有高中（含中专）文化程度的 1271722 人；具有初中文化程度的 3619566 人；具有小学文化程度的 1971538 人（以上各种受教育程度的人包括各类学校的毕业生、肄业生和在校生）。2016 年，每 10 万人中大专及以上学历人员 7728 人，高中和中专 14857 人，初中 42005 人，小学 22589 人。另有文盲人口 35.26 万人，文盲率（15 岁及以上）5.07%。白沙黎族自治县总人口为 17.16 万人，具有大学（指大专以上）文化程度的 6498 人，占总人口的 3.9%；具有高中（含中专）文化程度的 18121 人，占总人口的 10.6%；具有初中文化程度的 67657 人，占总人口的 39.4%；具有小学文化程度的 49685 人，占总人口的 29%；文盲人口（15 岁及以上不识字的）为 7619 人，占总人口的 4.4%。[1] 受教育程度低决定了贫困县居民素质不高，致富能力较低，而能力贫困是导致物质贫困的重要因素之一。

三是大病大灾容易引发农户致贫，或容易返贫。由于发展机会不足，受教育程度较低，能力较弱，农户经济来源极其不稳定。当遇到大病大灾的时候，没有针对贫困户建立的社会保障体系，抵抗能力较脆弱。如果一个家庭某位成员出现重大疾病，将对该家庭产生非常大的影响。习

---

[1] 海南省白沙黎族苗族自治县政府信息公开专栏，http://xxgk.hainan.gov.cn/bsxxgk/bgt/201208/t20120824_743354.htm。

总书记在 2017 年深度贫困地区脱贫攻坚座谈会上指出，当前脱贫攻坚的主要难点是深度贫困。"在深度贫困成因中，需要特别关注因病致贫问题。""因病致贫、因病返贫不是个别现象，带有一定普遍性。"

四是部分贫困家庭存在思想观念落后、缺少"志""智"的现象。能力低下和精神匮乏共同抑制了贫困家庭的"造血"能力，即贫困户大多缺少"志""智"。在此情况下，即使扶贫到户，资金到手，对贫困家庭而言也仅是解决短期内的基本生活需求，很难从根本上实现脱贫。因此，扶贫要同扶智、扶志结合起来，激发改变贫困面貌的干劲和决心，提高贫困户劳动技能。

总体来说，贫困地区抗风险能力差，贫困群体存在极大的脆弱性、不稳定性，主要表现在以下几个方面。首先，贫困人口处于边远和自然条件恶劣地区，土地资源利用效率较低，经济发展边际效益有待提升；其次，农村贫困地区社会医疗保障系统差，贫困人口抗风险能力脆弱；最后，农村人口自身综合素质和能力不高，难以提高收入和积累，改变贫困状态，在面临疾病、自然灾害和大的家庭开支时，容易返贫。在海南，大多数贫困户从事传统农业生产，收入渠道单一，不少已经脱贫的贫困户稳定脱贫能力差，因灾、因病返贫的情况时有发生。此外，调查显示，36.5% 的贫困家庭主要贫困原因是缺资金，其次是缺技术、缺劳动力、缺土地、因病致贫、因学致贫、交通落后等。而众多原因的基础又可以归结于教育，无"志""智"的贫困户缺乏内生动力，无法满足自我发展的需要。

第三节　海南省精准扶贫主要政策措施

一　海南省精准扶贫的政策综述

　　自 1988 年建省以来，海南省委、省政府一直对扶贫开发高度重视。1994 年国务院发布《国家八七扶贫攻坚计划》，标志着我国进入扶贫攻坚阶段。为响应国家号召，海南省结合实际情况于同年制定并实施了《海南省八七扶贫开发计划》，随后又在 1997 年发布《关于加强扶贫开发工作的意见》，1999 年又发布《贯彻落实〈中共中央、国务院关于进一步加强扶贫开发工作的决定〉的意见》等文件，目的是通过增加农民的收入来解决贫困地区农民的温饱问题。进入 21 世纪后，海南深入贯彻落实国家的《中国农村扶贫开发纲要（2001–2010 年）》《中国农村扶贫开发纲要（2011–2020 年）》，力求改变贫穷落后的面貌。

　　自 2014 年开始"精准扶贫"起，海南省在以习近平总书记为核心的党中央领导下，为在 2020 年实现全面建成小康社会的第一个百年目标，全省上下加大力气，创新扶贫工作方式方法，颁布了诸多政策措施，开展精准扶贫工作，加快脱贫攻坚。2016 年 4 月 9 日，海南省委、省政府颁布《中共海南省委 海南省人民政府关于打赢脱贫攻坚战的实施意见》，实行"三年脱贫攻坚，两年巩固提升"的扶贫战略行动，大力开展特色产业脱贫、乡村旅游脱贫、电子商务脱贫、劳务输出脱贫、教育和文化建设脱贫、卫生健康脱贫、科技人才引领脱贫、基础设施建设脱贫、生态移民与生态补偿脱贫、社会保障兜底脱贫等一系列精准扶贫工程。2018 年 9 月 26 日，为确保实现全面脱贫的目标，海南省委、省政府颁布了《海南省打赢脱贫攻坚战三年行动计划》，也可称为"104535"计划。计划指出，2018 年至 2020 年，海南将部署十大工程、四大行动、五大体系、三大机制、五大保障，分三年完成脱贫及巩固提升任务。

海南省在贯彻落实党中央、国务院和相关部门关于扶贫开发政策的基础上，结合海南省实际情况，分别实施了专项扶贫、行业扶贫、社会扶贫等。专项扶贫主要包括以下六项内容。一是实施整村推进，以村为单位，改善村容村貌，加强基础设施建设，实施"七到农家"工程。二是实施产业扶贫，以当地资源为优势，成立相关组织并采用"贫困户 + 龙头企业 + 政府"等模式，与贫困户结为利益共同体，解决农户缺资金、缺技术等问题。三是实施以工代赈，加强与贫困地区农户生产相关的基础设施建设项目，如乡村公路、小型农田水利、引水工程等，解决农户生产的基本问题。四是实施搬迁扶贫，针对自然条件恶劣、资源匮乏、发展空间小的地区，根据贫困户意愿实施小规模就近搬迁安置，确保贫困户能够脱贫。五是加强老区建设，基本解决老区饮水及通"三电"问题，解决生产生活设施。六是实施扶贫试点，创新扶贫开发机制，扩大互助资金、连片开发、科技扶贫等试点。

行业扶贫主要包括发展特色产业、开展科技扶贫、发展教育事业、完善医疗卫生和人口服务管理，以及水利、就业、道路、电力、金融、信息化、文化广电、生态保护、精神文明等建设。社会扶贫包括加大定点扶贫力度、村企共建、动员社会各界参与扶贫，如工商联、人民团体等。

海南省通过积极出台相关文件，保障扶贫工作有章有序开展。

一是发展特色产业扶贫，从农业产业、乡村旅游、电子商务三个方面，颁发了《创新机制进一步做好定点扶贫工作方案》（琼扶发〔2014〕5号）、《海南省旅游扶贫三年行动实施方案》、《海南省建档立卡贫困村电子商务服务站建设实施方案》（琼府办〔2016〕284号）等文件。

二是从社会保障视角，包括教育与文化建设、卫生健康、社会保障兜底、基础设施建设四个方面，颁发了《关于委托海南省经济技术学校等14所职业学校举办2013年雨露计划中专班的通知》（琼扶办发〔2013〕44号）、《关于进一步加强义务教育阶段控辍保学工作的意见》（琼教〔2016〕63号）、《海南省教育精准扶贫行动计划（2016~2020年）》（琼教发〔2016〕65号）、《关于进一步做好教育扶贫宣传工作的通知》（琼教办〔2016〕109号）、《关于建立义务教育阶段建档立卡家庭经济困难学生基本生活保障制度的通知》（琼府办〔2016〕267号）、《海南省教育脱贫攻坚"十三五"规划》（琼教发〔2017〕239号）、《海南省健康扶贫工程实施方案》（琼府办〔2016〕233号）、《2017年海南省健康扶贫工作要点》（琼卫办财务发〔2017〕7号）、《海南省贫困残疾人脱贫攻坚行动计划（2016~2020

年）》（琼府办〔2017〕35号）、《海南省农村低保对象、特困人员教育医疗住房保障和产业扶持实施办法》（琼府办〔2017〕112号）、《海南省交通基础设施扶贫攻坚战农村公路建设工程实施方案》（琼府〔2016〕91号）、《关于推进贫困村提升工程建设的实施意见》（琼扶发〔2017〕10号）等。

三是从技能培训和转移就业视角，包括劳务输出、科技人才引领两个方面，先后颁发了《关于开展2016年海南省春风行动的通知》（琼人社发〔2016〕42号）、《海南省贫困残疾人脱贫攻坚行动计划（2016~2020年）》（琼府办〔2017〕35号）等文件。

四是从生态移民和生态补偿视角颁发了《生态扶贫移民搬迁"十三五"规划》等文件，因地制宜，力求为贫困户提供良好的发展环境。

五是从定点帮扶视角颁发了《创新机制进一步做好定点扶贫工作方案》（琼扶发〔2014〕5号）、《关于做好驻村干部选派和管理工作的意见》（琼扶办发〔2014〕48号）、《关于落实打赢脱贫攻坚战有关要求做好人社扶贫工作的通知》（琼人社发〔2016〕243号）、《海南省驻村工作队管理办法（暂行）》和《海南省贫困户帮扶责任人管理办法（暂行）》（琼扶发〔2017〕1号）。

二 海南省精准扶贫的重点举措

（一）电视夜校

2016年起，由省脱贫致富电视夜校工作推进小组主办，省委组织部、省委宣传部、省扶贫办等多部门协办的海南首档大型公益扶贫节目《脱贫致富电视夜校》开播，致力于通过传媒方式推广先进扶贫模式，提高扶贫效果，是海南省独具特色的扶贫举措。

《脱贫致富电视夜校》首次全面、深度整合海南广播电视、远程教育站点、互联网、移动终端等媒介资源，为全省广大贫困户讲授种植、养殖等技术知识，传递招工就业、市场行情等关键信息，普及各类扶贫政策，提供求助、救助热线，激发群众脱贫意愿，增强脱贫内生动力，变"要我脱贫"为"我要脱贫"。为确保脱贫致富电视夜校的效果，全省各级政府明确要求乡镇扶贫干部、帮扶责任人、驻村第一书记、村"两委"干部必须按时参加并组织人员收看，有劳动能力的贫困户也必须参与，鼓励其他农户积极参与。节目的播出在各级政府共同督促下，取得良好效果。

（二）特色产业扶贫

产业扶贫一直是脱贫攻坚的重点和难点，是农民脱贫致富的根本依托，海南省也对此格外重视。2014年为贯彻落实《中共海南省委办公厅、海南省人民政府办公厅关于印发〈创新机制扎实推进农村扶贫开发工作实施方案〉的通知》，海南省提出要依托当地资源优势，以乡镇产业规划为指导，按照"一乡镇或多乡镇一业、一村或多村一品"的产业发展模式，集中扶持贫困村发展特色优势产业。2016年省委、省政府出台《关于打赢脱贫攻坚战的实施意见》，进一步提出海南省要制定贫困地区特色产业发展规划，从政策、资金、技术、信息、流通等方面支持贫困村、贫困农户发展种养业和传统手工业等。因地制宜，加大农业产业结构调整力度，扶持、引导贫困农户大力发展槟榔、茶叶、花卉、热带水果、冬季瓜菜、桑蚕等特色高效产业，确保每个贫困农户至少有 1 项种植产业。2017 年再提出选准发展瓜菜、热带水果、南药、花卉、茶叶、生猪、肉牛、山羊、家禽、渔业、林业和林下经济（养蜂、养蜘蛛等）12 类种养业。2017 年，海南省投入特色产业扶贫资金 5.89 亿元，是 2016 年实际投入的 1.7 倍，实施产业扶贫项目 1337 个。省农业厅整合农业产业发展资金 1 亿元，重点支持 5 个国定贫困县（市）发展产业扶贫示范项目，助力深度贫困地区脱贫。一些市县创新资金投入模式，对建档立卡贫困户发放小额信贷 8266 笔，合计 2.33 亿元。[①]

（三）电商扶贫

在"互联网 +"的大背景下，发展农村电子商务恰逢其时，借助电子商务能够打通精准扶贫的"最后一公里"。2017 年 3 月 24 日，白沙县作为海南省的国家级贫困县打响了电商扶贫的第一枪，作为全国电子商务综合示范县，成立了白沙电商精准扶贫运营中心，同时在全县 12 个贫困村建立农村电商服务站，使白沙绿茶、鸡蛋、蜂蜜等 80 多种特色农产品实现全国全网直销。

白沙电商精准扶贫运营中心位于该县电子商务产业园

---

① 海南省扶贫办，http://fpb.hainan.gov.cn/sfpb/zwgk2/index_1.html。

内。白沙电商精准扶贫运营中心以农业产业为基础,以农村电商为平台,以贫困农户为主体,涵盖线下展销区、线上运营区、人才培训区三个区域。其中,一楼大厅包括白沙农产品线下交易中心、电商大数据展演中心、农产品市场推介中心三个核心功能区。福才地瓜、陨石岭咖啡、椰奶姜茶、野生蜂蜜、土鸡蛋、香蕉等农产品"穿"上富有当地特色的包装,整齐地被摆放在展柜上。在每个包装上均印有二维码,扫描二维码即可进入网店,从而实现指尖购物。

(四)光伏扶贫

2016年3月23日,国家发改委、国务院扶贫办等部委和相关单位联合发布《关于实施光伏发电扶贫工作的意见》,五指山市、白沙黎族自治县被列入光伏扶贫工程重点实施范围。2016年3月,陵水县率先试行光伏进村,由政府出资,免费在隆广镇万岭村和敬老院、贫困户家试点建设光伏电站。光伏发电设备保质期是25年,意味着这项扶贫项目只要一次性投入,连续有25年的稳定收入,不需要农户自己进行日常维护,万岭村18户贫困家庭将成为第一批光伏扶贫进村到户项目的受益者。除了个人受益外,隆广镇万岭村也建设集体屋顶分布式光伏电站,利用隆广镇敬老院和万岭村村委会办公楼屋顶进行安装,共安装480片,总投资额约40.8万元,建成后预计年均发电量5.2万度,年收益5.1万元,平均每月收益4290元。光伏扶贫项目除发电上网产生直接经济效益外,还具有良好的节能减排社会效益,一年发电量即可节省标准煤 20.89 吨,减少 57.85 吨二氧化碳排放量。实施光伏精准扶贫,既解决贫困人口的持续收入问题,又保护地方生态环境。[①]

(五)开展"春风行动"解决就业难题

"春风行动"是省内解决贫困人口就业的措施之一。自开展以来,已解决较多农户就业问题。2017 年"春风行动"的主题是"搭建供需平台,促进转移就业",全省统一步调,实行"一会多区",在招聘会现场设立就业创业政策服务区、招聘展位区、跨省务工信息收集区、职业技能展示区、返乡创业区等 5 个功能区域。其中,职业技能展示区邀请了当地的职业技能培训机构展示更符合当地产业特色的产品,如黎锦制作、中式面点、割胶、砌墙等,现场演示操作并解答问题,直观地将各类培训工种展示给农村劳动力,以激发其学习的兴趣。此外,返乡创业区组织了当地的创业型企业和创业导师,展示创业成果,开展创业咨询,重点鼓励农村青年和返乡大学生加入创业队伍中。

在就业"春风行动"中,海南省人力资源开发局在春节前组织全省就业部门筛选出有就业意向、有劳动能力的适龄贫困人口 21.2 万人,对未就业的贫困劳动力,了解其技能水平、求职意向、创业意愿和培训需求,建立起贫困劳动力就业台账,重点推荐就业,希望能帮助到有转移就业意愿的农村劳动者,助力脱贫攻坚。此外,在 2016 年

---

① 海南省人民政府门户网,http://www.hainan.gov.cn/hn/yw/zwdt/sx/201605/t20160516_1996175.html。

年底，海南省人力资源开发局与广东省海南务工人员服务协会签订《琼粤劳务输出框架协议》，在"春风行动"期间，服务协会联合广东的人力资源公司，组织 25 家来自广州、深圳、东莞等地的企业，提供了近 3 万个岗位。另外，海南省还建立了"全省就业局长工作微信群"、"省人力资源开发局定点指导市县就业扶贫工作微信群"，及时传达就业政策和工作经验，收集市县困难问题和意见建议，群策群力，提高政策业务水平。

（六）实行"雨露计划"提升贫困户工作技能

"雨露计划"是省扶贫办委托省属中专（中技）学校举办"中专班"和国家认证的"国家职业资格证书"、"特殊工种操作证书"和"专项职业能力证书"培训班，目的是扶持和帮助农村贫困劳动力学习一门技术，提高外出打工能力和自我脱贫能力，实现增收、走向富裕生活的一项惠及贫困农民的举措。[①] 该计划以职业教育、创业培训和农业实用技术培训为手段，以促成转移就业、自主创业为途径，提高贫困地区劳动力素质、增加贫困农民收入。抓好教育是扶贫开发的根本大计。海南省从 2006 年至今一直实施"雨露计划"。"雨露计划"引导和支持农村贫困家庭新成长劳动力接受职业教育，是培养技能型人才、促进稳定就业、实现脱贫致富的治本之举，是提高贫困人口素质、促进贫困地区经济社会发展的重要措施。

[①] 海南省澄迈县人民政府网，http://xxgk.hainan.gov.cn/cmxxgk/fpb/201508/t20150805_1629699.htm。

（七）生态移民扶贫

根据国家主体功能区规划，生态移民有两大目的：一是保护或修复生态环境；二是改善民生。在实施精准扶贫战略大背景下，生态移民被赋予了减贫的重要功能作用，生态移民扶贫成为精准扶贫的重要实现形式。生态移民可以有效解决居住在生态核心区、江河源头、水源保护地、生态红线保护区、地质灾害易发区及交通、生活十分不便的地区的农民贫困问题。

海南生态移民扶贫，主要是将生活在国家重点生态功能区的农村人口（主要是白沙、琼中、五指山、保亭等少数民族县市）适度易地搬迁，按"美丽乡村"标准重建。海南省出台的《生态扶贫移民搬迁"十三五"规划》明确指出，"十三五"期间，海南需实施生态扶贫移民搬迁的有五指山、屯昌、乐东、白沙、琼中5个市县11个村，共547户2228人，其中建档立卡194户823人。截至2016年10月，海南省有易地扶贫搬迁任务的市县为白沙黎族自治县、屯昌县、五指山市、琼中黎族苗族自治县4个市县。其中，白沙县政府发布《白沙黎族自治县南开乡道银村坡告村生态扶贫移民实施方案》，全面实施对两个村30户142人的生态扶贫移民工作。道银、坡告两村合并为银坡村，重建现代化美丽乡村。海南省的其余市县搬迁工作也正在有序推进。①

---

① 海南白沙黎族自治县人民政府网，http://baisha.hainan.gov.cn/bsyw/xwdt/201703/t20170322_2263210.html。

（八）实施"104535"计划

《海南省打赢脱贫攻坚战三年行动计划》做出的部署，简述为十大工程、四大行动、五大体系、三大机制、五大保障。十大工程需要精准帮扶到户到人，即实施产业扶贫工程、旅游扶贫工程、就业扶贫工程、生态扶贫工程、教育扶贫工程、健康扶贫工程、危房改造扶贫工程、综合保障性扶贫工程、精神扶贫工程、社会扶贫工程。四大行动要推动贫困地区到村到组基础设施建设，即开展交通扶贫行动、水利扶贫行动、电网和光网扶贫行动、贫困地区农村人居环境整治行动。五大支撑要助力精准脱贫攻坚行动，即强化财政投入支撑、金融支撑、用地政策支撑、人才和科技支撑、法治支撑。三大机制要夯实脱贫攻坚基础性工作，即完善精准识别和贫困退出机制、扶贫开发大数据平台信息管理和信息共享机制、脱贫攻坚项目库建设管理机制。五大保障要加强和改善党对脱贫攻坚工作的领导，即强化脱贫攻坚五级战斗体系、把贫困村党组织建成脱贫攻坚坚强战斗堡垒、营造良好社会氛围、深化扶贫领域腐败和作风问题专项治理、加大脱贫攻坚战激励和问责力度等五个方面的保障措施。这是对扶贫政策的系统安排。此外，还要将贫困人口全部纳入城乡居民基本医疗保险、大病商业补充保险和医疗救助保障范围，实现贫困人口住院医疗费用实际报销比例达 90% 以上。到 2020 年，在贫困地区基本建成"外通内联、通村畅乡、客车到村、安全便捷"的交通运输网络。①

---

① 南海网，https://mp.weixin.qq.com/s/i1eRNuis8Dn8HgQS_vtNkw。

第四节　海南省精准扶贫成效与挑战

一　海南省精准扶贫成效

（一）贫困程度显著降低

2014~2016 年，海南省农村贫困人口从 54.6 万人减少至 21.96 万人，减少了 32.64 万人。[1]2016 年底，海南实现脱贫 19.04 万人，约占全省贫困总人口的 42%，100 个贫困村脱贫出列。[2]截至 2018 年 9 月，海南省共有未脱贫建档立卡贫困户 3.3 万户、贫困人口 12.26 万，未出列贫困村 83 个（含 35 个深度贫困村），未脱贫摘帽国定贫困县（市）5 个，全省贫困发生率为 2.2%。[3]据统计，全国农村居民人均可支配收入由 2014 年的 10488.9 元增加到 2016 年的 12363 元，年均名义增长 8.6%，[4]同一时期海南省农村常住居民人均可支配收入由 9913 元增加到 11843 元，[5]年均名义增长 9.4%，比全国农村居民年均名义增长快 0.8 个百分点。且海南省农村居

---

① 邓泽永：《关于推进我省精准扶贫工作的建议》，海南省人民政府网，2016 年 2 月 29 日，http://www.hainan.gov.cn/zxtadata-7121.html；由《2016 年海南省国民经济和社会发展统计公报》计算可得。

② 孙慧：《去年海南完成脱贫逾 20 万人实现百个贫困村脱贫出列》，《海南日报》 2017 年 2 月 3 日，A01 版。

③ 原中倩：《我省发布打赢脱贫攻坚战三年行动计划》，《海南日报》2018 年 9 月 27 日，A01 版。

④ 《中国国民经济和社会发展统计公报》（2014~2016）。

⑤ 《海南省国民经济和社会发展统计公报》（2014~2016）。

民与全国农村居民之间的收入差距在不断减小，2014 年海南省农村居民人均可支配收入占全国农村居民人均可支配收入的 94.5%，2016 年占全国农村居民人均可支配收入 95.7%。海南省农村常住居民人均可支配收入与全国平均水平差距呈现普遍减小的趋势（见表 2-5）。全国农村居民人均消费支出由 2014 年的 8382.6 元增加到 2016 年的 10130 元，[①] 年均名义增长 9.9%，同期海南省农村居民人均消费支出由 7029 元增加到 8921 元，[②] 年均名义增长 12.7%。

表 2-5　海南农村居民人均可支配收入与全国对比

年度	海南		全国		全国排名		与全国水平的差距（元）
	人均可支配收入（元）	同比增速（%）	人均可支配收入（元）	同比增速（%）	人均可支配收入	增速	
2014	9913	12.6	10489	11.2	19	3	−576
2015	10858	9.5	11422	8.9	16	8	−564
2016	11843	9.1	12363	8.2	15	9	−520

资料来源：《海南省统计年鉴》（2014~2017）；《中国统计年鉴》（2014~2017）。

表 2-6　2011~2016 年海南省 5 个国定贫困市县占全国农村居民人均收入比重的变化

单位：%

县（市）	2011 年	2015 年	2016 年
保亭县	64.24	81.09	81.87
琼中县	62.82	81.79	82.01
临高县	79.43	90.11	90.16
白沙县	67.91	81.06	81.47
五指山市	68.51	78.82	79.35

资料来源：《海南省统计年鉴》（2012~2017）。

① 《中国国民经济和社会发展统计公报》。
② 《海南省人民政府》。

2016 年海南省安排财政专项扶贫资金 19.49 亿元，较 2015 年增加了 12.97 亿元，增长 198.9%。其中中央财政资金 7.61 亿元，较上年增长 57.5%；省级财政资金 5.82 亿元，比上年增长 8.7 倍；市县财政资金 6.06 亿元，比上年增长 3.7 倍。5 个国家贫困重点市县和乐东县共统筹整合涉农资金支出 10.02 亿元。

（二）产业扶贫发展势头良好

海南省结合地方特色走产业扶贫新路子，充分调动了当地农民的生产积极性。2016 年，全省整合投入特色产业资金 12.6 亿元，实施项目 1151 个。自 2016 年启动"百企帮百村·千企扶千户"行动以来，截至 2017 年 12 月，海南全省共有 816 家民营企业参与到扶贫工作中，累计投入资金 5.4 亿元，实施项目 891 个，捐赠 3015 万元，帮助了 293 个贫困村 2.2 万户贫困户。[①]民营企业参与扶贫开发，一是有利于激发贫困地区发展活力，促进贫困地区资源开发、产业培育和结构调整，激发贫困地区发展活力。二是有利于帮助贫困地区转变发展观念，给贫困地区带来资金、技术等先进生产要素。三是有利于拓展扶贫开发领域，改变扶贫开发靠政府投入的单一模式，拓宽扶贫资金投入渠道和领域。

2016 年，重点扶持 138 个贫困村发展乡村旅游，投入旅游开发资金 3.48 亿元。经过实践探索，初步形成了以琼海市为代表的全域发展型，以定安县百里百村和保亭县

---

① 张俊林、操戈、邓卫哲：《海南近千家民企参与扶贫开发》，《农民日报》2017 年 12 月 5 日。

什进村布隆赛乡村文化旅游区为代表的区域联动型，以琼中县什寒村为代表的整村推进型，以海南槟榔谷黎苗文化旅游区为代表的景区带动型和以农旅结合五指山市雨林茶乡为代表的品牌打造型等乡村旅游扶贫五大模式。如什寒村，曾经是国家重点贫困县琼中县最贫困村之一，县委、县政府深入挖掘其黎苗文化内涵，采取"政府＋公司＋专业合作社＋农户"多方参与、全村跟进的开发方式，结合"富美乡村"建设，实现什寒村"产业转型＋生态保护＋文化传承＋环境整治＋休闲旅游＋特色农业"的整体提升，打造民族风情旅游村。将什寒村空闲农舍和学校旧址，改造成标准化驿站、客栈、民宿、露营地、茶吧，并携手什寒农民合作社对其统一运作管理。员工均从本村聘用，实现了村民就地就业，经营收入60%归农户、35%归投资公司、5%归村集体，实现多方互利。①

（三）教育扶贫成效显著，遏制贫困代际传递

实施教育扶贫，是增强贫困户内生动力的有效措施。截至2017年5月31日，全省建档立卡贫困家庭学生103988人，其中幼儿园14897人，小学49181人，初中20720人，普通高中6749人，中职5446人，大学6995人。自主开发教育扶贫信息系统正式上线运营，完善了建档立卡贫困学生的"数字化台账"，录入学生信息已达10万条，基本涵盖了全

---

① 海南省扶贫工作办公室：《落实〈关于进一步做好我省旅游扶贫工作的建议〉措施》，http://fpb.hainan.gov.cn/fpb/sfpb/zwgk8/201707/t20170726_2378650.html，20170726。

省建档立卡贫困学生，初步实现教育扶贫信息动态化调整。2016 年海南省出台了《关于进一步加强义务教育阶段控辍保学工作的意见》。截至 2016 年 11 月，核查全省建档立卡义务教育阶段适龄辍学学生 263 人，187 人已经劝返回校，76 人辍学时间较长、难以返回继续学习的，也到中职学校去学技术。2016 年投入 8.8 亿元实施全面改善薄弱学校办学条件项目，投入 2000 万元资金继续推动思源学校建设。2017 年投入"全面改薄"资金 8.4 亿元，校舍建设项目 520 个，新建校舍 19.8 万平方米，购置设备 1.87 亿元。

（四）注重健康扶贫，防止贫困户因病返贫

2016 年，海南省出台了《健康扶贫工程实施方案》和配套文件，全面加强组织领导，精准发力、综合施策，扶贫成效初显。43.9 万建档立卡贫困人口新农合个人缴费部分由市县财政全额补贴，基本医保政策实现全覆盖。农村贫困患者县域内就诊率达到 78.4%，县域内住院合规费用在新农合、大病保险和民政救助补偿后，实际报销比例达到 80% 以上。建立医疗兜底保障资金的市县，贫困患者实际报销比例达到 90% 以上，如琼中县个人自付部分（含目录外费用）再补偿 90%，乐东县当年脱贫的贫困人口个人自付部分（不含目录外费用）再补偿 90%，澄迈县个人自付超过 1000 元（含目录外费用）的由政府兜底保障。农村贫困人口新农合、大病保险多报销 1921 万元，受益 78 万人次；民政救助报销 815.72 万元，受益 2014 人次；医疗兜底保障 751 万元，受益 7700 人次。建档立卡因病致贫因病返贫贫困户签约服务覆盖率达到 90%，健康帮扶联系人落实到户、到人，定期随访常态化开展，健康扶贫的满意度不断提高。建档立卡因病致贫因病返贫户数比 2015 年减少 27.15%。[①]

（五）逐步健全贫困户最低生活保障制度

按照"保基本、兜底线、促公平、可持续"的基本原则，海南省进一步完善农村最低生活保障制度，对无法通过产业扶持和就业帮助实现脱贫的家庭实行政策性保障兜底。根据《国务院关于全面建立困难残疾人生活补贴和重度残疾人护理补贴制度的意见》精神，海南省政府出台了《海南省困难残疾人生活补贴和重度残疾人护理补贴实施办法》，2016 年全省为 3.46 万困难残疾人和 8.02 万重度残疾人发放补贴资金 1.9 亿元，并将 3.63 万建档立卡贫困人口纳入低保范围，共有 5039 人通过社会保障兜底的形式被帮扶脱贫。[②]

（六）逐步完善农村基础设施，加强"造血"能力

农村基础设施不断改善。"十二五"期间，海南省解决 149.53 万农村人口饮水安全问题，改善了贫困村生产生活环境；[③]海南电网新增农村变电容量 449 万千伏安，新建

---

① 海南省卫生和计划生育委员会，http://www.wst.hainan.gov.cn/tpzt/fp/gzdt/201705/t20170516_2320359.html。

② 海南省人民政府门户网，http://www.hainan.gov.cn/hn/yw/zwdt/tj/201702/t20170216_2232981.html。

③ 海南省人民政府门户网，http://www.hainan.gov.cn/hn/zwgk/zfwj/bgtwj/201705/t20170517_2322326.html。

10 千伏及以下线路 14697 公里，彻底解决了无电人口用电问题。2016 年，海南省交通运输厅统筹全省农村公路建设，启动总投资 127 亿元的自然村通硬化路、窄路面拓宽、县道改造、生命安全防护、危桥改造和旅游资源路"交通扶贫六大工程"，实现新建农村公路 520 公里，300 个自然村通硬化路，新增 92 个建制村通客车，为农村地区脱贫致富提供交通支撑。全省行政村光纤宽带网络和 4G 信号覆盖率分别达到 93.4% 和 97.7%。[①] 全省农村危房改造实际开工 4.1 万户，开工率 157%（按国家下达任务计），竣工 3.57 万户，竣工率 136%。[②]

二 海南省精准扶贫面临的挑战

（一）时间短，脱贫攻坚任务较重

根据《海南省打赢脱贫攻坚战三年行动计划》，2018 年为脱贫攻坚整改年，实现保亭、琼中 2 个国定贫困县摘帽，83 个贫困村脱贫出列，8.3 万贫困人口脱贫。2019 年为脱贫攻坚决战年，实现五指山、临高、白沙 3 个国定贫困县（市）摘帽，剩余贫困人口全部脱贫，全省消除绝对贫困。2020 年为脱贫攻坚决胜年，全省脱贫人口、出列贫困村、摘帽贫困县（市）脱贫成果全面巩固提升。由于贫

---

① 海南省人民政府门户网，http://www.hainan.gov.cn/hn/yw/jrhn/201702/t20170210_2228789.html。

② 黄丹：《海南推进农村 4 类人员危房改造 2016 年改造 4.1 万户》，南海网，2017年 2 月 20 日，http://www.hinews.cn/news/system/2017/02/20/030986260.shtml。

困人口分布广、贫困程度较深，全省还有 5 个国家扶贫开发工作重点县（市）没有脱贫摘帽，6 个市县的脱贫攻坚任务仍然较重，83 个贫困村 12.3 万农村贫困人口还没有脱贫。这些经济不发达地区的经济发展潜力不大，中部生态核心区经济发展受限，自身脱贫实力弱。在建档立卡贫困人口中，因病、因残致贫和无劳动能力者占比较高，贫困农户增收渠道单一。

（二）贫困人口精准识别和精准施策困难

贫困人口精准识别困难，主要原因有三个方面。一是政府部门宣传精准扶贫工作不到位，缺乏对符合条件村民的严格监控环节，且贫困户不希望摘帽，希望继续享受扶贫政策，从而导致符合条件的村民没有进行申报，错失机会。二是村民收入少但收入渠道多，无法准确衡量村民的实际收入，贫困程度只能根据村民的住房、存款、消费以及其他村民的评价来判断，难以准确衡量。三是贫困家庭收入差距不明显，而管理又存在漏洞，导致真正贫困的与已脱贫的家庭无法被准确识别。主要以收入水平划分贫困户，还易产生较大的负外部性。村庄部分农户间经济状况差别不大，即使是非贫困户，收入水平也只是略高于贫困线。在扶贫政策推动下，很多非贫困户为了获取扶贫资源与好处，自愿降低收入水平入贫。如走访调研中发现，有的农户去年都外出打工，听说县里扶贫可以建房子，便放弃打工回家；有的老人为了获取扶贫好处，自愿降低生活标准，与儿子分家，独自住在危房；等等。精准识别困难，精准帮扶、精准管理也就出现了问题，存在不符合贫困户要求以及群众满意度不高的情况，与扶贫的初衷相悖。

（三）贫困人口和扶贫人员动力不足

当前，部分地区扶贫主要由大量的外力参与，存在一些形式主义倾向，而贫困户自身内生发展动力不足，主体意识不强。五个国定贫困县的受教育水平整体上低于省内沿海较发达市县。内生动力不足表现主要有四点：第一，懒惰、散漫成为习惯。"等、靠、要"的思想严重，缺乏自力更生、艰苦奋斗的精神斗志，不出去工作挣钱，也不积极生产劳动。第二，对贫穷习以为常。目光短浅，对外界接触极少，认为贫穷是应该的，欠缺脱贫致富的志向和信心。第三，扶贫参与度不足。目前扶贫主要采取给钱给物的形式，而非与贫困户交流、引导其生产，导致贫困户"获得感"较低。第四，对扶贫政策认识不足。没有正确理解国家扶贫战略的意愿与目的，认为被列为贫困户是自己占的一个"大便宜"。

部分帮扶人员由于缺乏动力导致责任心不足、履行职责不到位，任务完成度打折扣，为提高脱贫率，过于注重短期成果，缺乏长远意识。动力不足也导致部分地区前期扶贫进度较为缓慢，进而后期为加快扶贫进度牺牲质量要求，使得精准扶贫政策落实难度加大。有数据显示，截至2017年4月，海南省财政厅下达的12亿扶贫资金，仅支出了4.6%。因此，扶贫工作组织管理工作有待进一步优化、提高效率。

（四）贫困户返贫压力大，持续增收能力较弱

总体来看，现有帮扶措施存在以下几点问题。一是为了完成上级制定的扶贫硬性目标，现有帮扶多以短期效益为主。如不充分考量实际情况，把部分贫困户脱贫的时间硬性规定好，为了达到脱贫的目标，发放一些鸡苗、猪苗、鸭苗等短期收效快的扶贫产品。二是产业帮扶措施"拍脑门"决定，没有经过科学、系统的思考论证，与地方重点特色产业结合较差。三是帮扶着眼点太微观、太分散，没有形成产业链思维。产业链概念下的扶贫，意味着"宏观""集中"。现阶段，从微观着手，以分散视角发展，阻碍较多，无法统筹优化资源配置，发挥宏观"1+1>2"的规模效益。

扶贫工作是针对贫困户发展经济的系统工程，是一项长期发展的任务。整体来看，海南省贫困户返贫压力较大。主要原因有：一是以现有收入做衡量，缺乏对可持续发展能力、发展内生动力的考量、帮扶。二是现有扶贫措施的可持续增收能力不足。以海南省白沙县为例，产业扶贫、危房改造、教育、培训、医疗补贴都存在一定程度的隐忧。其中，危房改造力度最大，但除了政府补贴外，剩下的钱要自筹，贫困户自筹方式基本上是储蓄加银行贷款或亲戚借款加银行贷款。考虑到2020年脱贫后帮扶取消，不确定性加大，偿款能力堪忧。教育支出占了家庭支出的很大一部分，教育扶贫补贴解决了家庭教育支出后顾之忧。但是，贫困户对于教育的"投资"思维意识较弱，存

在减少教育支出以补贴家用的情况。培训以发钱的形式鼓励贫困户参与学习，后期容易流于形式。医疗补贴实现全覆盖，但对大病大灾的抵抗能力较弱，报销途径及方式还不够丰富。

第三章

白沙县打安镇扶贫阶段分析

第一节　白沙县与打安镇概况

一　基本情况

白沙黎族自治县位于海南岛中部偏西，黎母山脉中段西北麓，南渡江上游，北纬 18°56'~19°29'，东经109°02'~109°42'，东邻琼中县，南交乐东县，西接昌江县，北抵儋州市。县境南北长约 63 公里，东西最宽度约 68 公里，总面积 2117.73 平方公里，境内山地面积1253.71 平方公里，占土地面积的 59.20%。

白沙县下辖 11 个乡镇，是黎族人口聚居区。2016 年总人口为 19.53 万人，常住人口 17.16 万人，以黎族和汉族为主，少数民族人口居多，黎族人口达 12.17 万人，汉族人口 6.74 万人，约占总人口的 1/3。① 三次产业结构比为 47.4∶10.6∶42.0。因为地处中部山区，工业基础薄弱，农业发展地位突出。GDP 仅为 43.45 亿元，约占全省的 1.07%。②

打安镇位于白沙县中北部，东部、东南部与县城牙叉镇连接，东北部与阜龙乡连接，北部与儋州市连接，西部与七坊镇连接，距离县城 12 公里。2002 年 9 月，原打安乡与狮球乡合并，成立打安镇。全镇下辖村委会 8 个，村民小组 58 个，居委会 1 个，经济场（镇办企业）1 个。

2016 年全镇总人口 15072 人，男性人口 7888 人，女性人口 7184 人，人口规模仅次于牙叉镇和七坊镇。从民族划分上看以黎族人口为主，汉族 2011 人，黎族 12975 人，其他少数民族人口 86 人，汉族和黎族人口占比为 13.34% 和 86.09%。从人口年龄结构来看，0~17 岁的有 4190 人，18~34 岁的有 4488 人，35~59 岁的有 4931 人，60 岁及以上人口有 1463 人，分别占 27.8%、29.8%、32.7% 和 9.7%。全镇乡村人口 3145 户，其中农业户 3094 户，占比达到 98.38%。城乡居民基本养老保险参保人数为 5774 人，其中新型农村养老保险 5658 人，城镇居民养老保险 116 人；16~59 岁参保人数为 4370 人，60 岁及以上参保人数为 1404 人。

---

① 《白沙县统计年鉴（2017）》。
② 《海南省统计年鉴（2017）》。

全镇拥有土地面积 17309.32 公顷，其中耕地面积 3154.32 公顷，园地面积 5643.44 公顷，林地面积 5326.38 公顷，牧草地面积 4.13 公顷，城镇村级工矿用地 373.46 公顷，交通用地 140.79 公顷，水域面积 544.23 公顷，未利用土地 2122.57 公顷。[①]

二 扶贫阶段划分

1978 年开始的家庭承包经营制度，带来了土地经营方式的变革，农民生产积极性得到极大提高，释放了巨大的生产力，农村贫困状况因此得到很大的改观。但由于历史、自然、经济和社会等方面的原因，一些地区发展缓慢，贫困现象仍很突出。1986 年，中国在全国范围内开展了有计划、有组织、大规模的扶贫开发。打安镇打安村实行土地家庭承包的时间起点是 1982 年。1988 年 4 月，海南建省，为了更好地分析打安村的扶贫工作，结合 1994 年实施《国家八七扶贫攻坚计划》，2001 年实施《中国农村扶贫开发纲要（2001-2010 年）》，2015 年发布《中共中央 国务院关于打赢脱贫攻坚战的决定》，对应分为 4 个阶段进行分析。分别是大规模开发式扶贫阶段（1988~1993 年），扶贫攻坚阶段（1994~2001 年），扶贫开发新阶段（2002~2014 年）和精准扶贫阶段（2015 年至今）。

① 打安镇政府提供。

第二节　大规模开发式扶贫阶段（1988~1993年）

一　主要做法与效果

1988年白沙县扶贫经济贸易公司成立，负责全县扶贫开发工作。扶贫经济贸易公司的成立是白沙县、打安镇以及打安村开发式扶贫工作的开端。1990年4月白沙县扶贫经济贸易公司更名为白沙县贫困地区经济开发领导小组办公室。在该机构领导下，打安村按照上级政策措施开展扶贫工作。打安村按照白沙县的部署，在稳定粮食生产的同时，从资源和产业基础出发，加快培育和发展有特色有优势的主导产业。1979年，白沙县民营天然橡胶面积仅有11910亩，主要分布在国有农场周边乡镇。土地家庭承包后，农民农业生产自主选择的空间很大，然而大部分农户仍停留在维持温饱的阶段，且农民获取信息的能力有限，难以选择合适的产业，橡胶种植也没有得到应有的发展。

打安镇经济社会发展的整体水平还是比较低。1993年乡镇总户数为1581户，其中农业户1557户，农业户占比为98.5%。地区经济发展几乎完全依靠农业生产，农业人口达9196人。由于橡胶树还没有开割投产，甘蔗生产在农民收入和经济社会发展中发挥重要作用。自来水、电话、卫生厕所等设备设施在打安镇还处于空白阶段。123户580人住茅草房。①

① 根据历年白沙县统计年鉴数据整理。

就全国而言，整体经济发展水平也较低，贫困人口较多，扶贫开发方式比较粗放，扶贫工作的重点在于提升区域经济发展和促进社会进步。打安村的扶贫，与其说是扶贫，不如说是村民在村干部带领下积极发展农村经济，通过为贫困户发放种苗，引导产业发展，逐渐形成了以天然橡胶、木薯、甘蔗为主的农业产业。此阶段，白沙县农民人均纯收入增加到1993年的918元，全县贫困人口从3.58万减少到2.43万人，农民收入整体上有较大改观。[①]基础设施和公共服务方面没有明显改变。

二　产业发展

白沙县发展橡胶树种植经历了一个艰难的扩散过程。橡胶树属于长周期经济作物，需要经过7年左右非生产期，因此，农户种植橡胶的积极性并不高，橡胶种植业发展一直很缓慢。最初只是少数人在种植橡胶树，后来才逐渐增多。许多农户是看到周围的人，主要是村干部在种植橡胶树，才抱着尝试的态度开始种植。20世纪90年代，橡胶进入生产期，效益开始显现。1993年，天然橡胶、木薯、甘蔗被视为白沙县的基础性产业，橡胶种植面积达到18423亩，年投产面积为6840亩，年产干胶487吨；木薯种植面积为2724亩，产量达3608吨；甘蔗种植面积10644亩，产量达26165吨。椰子、槟榔等热带作物和香蕉、龙眼、荔枝、菠萝、芒果等热带水

---

① 赵子导:《海南扶贫开发二十年纪实》，海南省委机关印刷厂，2008。

果在白沙也有零星种植，但规模均不足 1000 亩。^① 热带水果等高效农业受市场、交通不便等多种原因影响发展缓慢。

第三节　扶贫攻坚阶段（1994~2001 年）

一　主要做法与效果

1994 年 3 月《国家八七扶贫攻坚计划》公布，扶贫开发进入了攻坚阶段。《国家八七扶贫攻坚计划》明确提出，集中人力、物力、财力，动员社会各界力量，力争用七年左右的时间，到 2000 年底基本解决农村贫困人口的温饱问题。这是新中国历史上第一个有明确目标、明确对象、明确措施和明确期限的扶贫开发行动纲领。国家"八七"扶贫攻坚计划的时间是 1993~2000 年，这一阶段白沙县未被列入国家扶贫开发工作贫困县。2002 年 2 月，白沙县被列为国家扶贫开发工作重点县。故将打安镇扶贫攻坚阶段的时间划分为 1994~2001 年。

"八七"扶贫开发阶段，扶贫工作主要集中在乡镇发

---

① 此时打安镇还是打安乡，2002 年打安乡和狮球乡合并成立打安镇。为保证文中数据的一致性，2002 年之前打安镇的数据均为打安乡和狮球乡加总的数据。

展层面，还未开始识别乡村贫困情况。"八七"扶贫攻坚计划的实施，使打安镇基础设施有所改善。2001 年，农户数量增加到 1903 户，人口达到 10227 人，其中劳动力数量为 5036 人；住茅草房的农户数量从 1993 年的 123 户减少到 54 户 210 人。全镇有 435 户开始使用卫生厕所，涉及人口 2409 人，占总人口的 23.6%。尽管仍然没有村庄通电话，但是有 1815 户村民用上了电，用电户数占总户数的 93.4%；1722 户用上了自来水，占全镇总户数的 90.5%。尽管全镇人口几乎全部是农业人口，但已经有 182 人尝试外出打工，占劳动力总数的 3.6%，[①] 当然外出打工主要是临时工。

这一阶段，白沙县扶贫攻坚工作取得了一定成果，基础设施有一定改善，产业规模逐步扩大，农民生活水平显著提升，但相对其他市县以及国家经济发展水平而言还比较滞后，贫困人口数量依然庞大。2001 年，白沙县农民人均纯收入 1769 元，全县贫困人口 4.10 万人。[②]

二 产业发展

白沙县相继兴办了 120 个规模 100 亩以上的连片开发扶贫示范基地，主要种植橡胶、甘蔗、槟榔等经济作物，做到开发一片、成功一片、巩固一片。按照巩固、发展、提高的思路，一手抓种植，一手抓加工，延长产业链，提高产品附加值，使传统产业有新的提升。建立 150 亩苗圃基地 1 个，

① 根据历年白沙县统计年鉴数据整理。
② 根据历年白沙县统计年鉴数据整理。

扶持农民种植橡胶、甘蔗、木薯、荔枝、龙眼、槟榔、粉单竹、芒果等经济作物12万多亩，受益农户17016户98928人。养殖业结合文明生态村沼气池建设，共扶持农户18195户养猪14574头，养牛100头，养羊250只。[①]

统计资料显示，打安镇2001年橡胶种植面积达到23645亩，投产面积13024亩，年产干胶934吨；木薯种植面积5458亩，产量达6349吨；甘蔗种植面积7661亩，产量达24700吨。1994年，国家放开天然橡胶价格管制，橡胶价格由市场决定，橡胶收益凸显，种植橡胶的农户开始增多。全镇橡胶种植面积较1993年增加了5222亩，投产面积增加6184亩，产量增加447吨，投产面积和产量均增加90%以上；木薯种植面积较1993年增加2734亩，产量增加2741吨，面积增长1倍，产量增加76%。与此同时，甘蔗种植面积较1993年减少了2983亩，产量减少1465吨，面积和产量分别减少28%和5.6%；荔枝、龙眼、槟榔、粉单竹、芒果等并没有在打安镇发展起来，芒果、槟榔种植面积还有小幅减少。天然橡胶、木薯、甘蔗仍然是支撑打安镇经济发展的重要产业。

在养殖方面，打安镇以饲养牛、猪、羊和鸡、鸭、鹅为主。1993年打安镇牛年末存栏量为2494头，到2001年增加到2962头。由于农业机械动力缺乏，牛主要用于耕地，2001年用于劳役的牛达到55.4%。养猪规模从1993年的4263头增加到2001年的5768头，增加35.3%，均为农户家庭养殖。养羊规模从1993年的110只增加到2001年

① 赵子导：《海南扶贫开发二十年纪实》，海南省委机关印刷厂，2008。

的 878 只，增加了近 7 倍，这与地方政府积极推动扶贫工作有关。家禽养殖规模从 1993 年的 39920 只增加到 2001 年的 53007 只，年出栏量达到 44671 只，主要以农户家庭养殖为主，部分用于销售，部分用于家庭生活的改善。①

第四节　扶贫开发新阶段（2002~2014 年）

一　主要做法与效果

　　2001 年国家正式颁布和实施《中国农村扶贫开发纲要（2001-2010 年）》，提出了今后十年扶贫开发的目标、任务和工作对象。奋斗目标是尽快解决少数贫困人口温饱问题，进一步改善贫困地区的基本生产生活条件，巩固温饱成果，提高贫困人口的生活质量和综合素质，加强贫困乡村的基础设施建设，改善生态环境，逐步改变贫困地区经济、社会、文化的落后状况，为达到小康水平创造条件。

　　2012 年 3 月，白沙县纳入新一轮国家扶贫开发重点县。白沙县 11 个乡镇 53 个行政村成为扶贫工作的重点对象，其中打安镇南达村和可程村被列为扶贫开发工作重点

①　根据历年白沙县统计年鉴数据整理。

村，打安村未被列入其中。

随着扶贫开发进入新的阶段，打安镇农业生产、基础设施和农民的生活都有了较大的进步，社会经济状况有明显改善。到 2014 年全镇农户数量增加到 3030 户，其中农业户为 2775 户，农业户占总户数的比重为 91.6%，虽然仍以农业户为主，但非农业户相比 2001 年有所增加。2014年打安镇总人口达到 15096 人，其中农业人口 14191 人，乡村从业人员达 8039 人。从白沙县整体情况来看，茅草房已经在农村销声匿迹，取而代之的是砖木结构房屋和楼房，全县人均生活用房面积达到 24.84 平方米。打安镇基本解决了农村居民饮水和用电的问题，摩托车、洗衣机、彩色电视机、冰箱等主要耐用消费品开始越来越多地出现在农户家庭。全镇 95.1% 的农村人口参加了新型农村合作医疗。

为加快推进农村和农业经济结构战略性调整，白沙县把打工经济作为发展县域经济和增加农民收入的重要举措来抓，积极引导农民向非农产业转移。打工经济已经成为白沙县经济发展新的增长点和农民增收的重要来源。2005年至 2007 年，白沙县共投资 66 万元，进行劳务输出培训 6 期，输出人数 2530 人，2006 年底全县外出务工总人数达到 8800 人，占农村劳动力的 14%，农民打工年收入4800 万元。[①]

在农村实用技术培训方面，白沙县采取"走出去、请进来、派下去"的方法，加大对农民进行科技实用技术和

① 根据历年白沙县统计年鉴数据整理。

科技成果运用培训力度，到 2014 年，全县已有 1210 人获得农民技术员证书，平均每个自然村近 3 人。

这个阶段的扶贫开发开始实行整村推进的政策，白沙县安排中央财政专项扶贫资金 1047 万元，扶持 4277 户农户发展养鹅、养山鸡、养蜂、种植益智等特色产业。实施了金波乡白打村、青松乡益条村、阜龙乡新村、七坊镇高地村等 4 个贫困村整村推进扶贫开发。此阶段，白沙县农民人均纯收入从 2001 年的 1769 元增加到 2014 年的 7902 元；2014 年全县贫困人口已经降至 2.84 万人。

二 产业发展

2014 年，打安镇橡胶种植面积已经达到 70376 亩，投产面积达到 34596 亩，年产干胶 3996 吨；木薯种植面积为 1217 亩，产量达 3189 吨；甘蔗种植面积 9000 亩，产量达 44030 吨。2001 年到 2013 年期间，天然橡胶干胶价格整体呈现快速上升的态势，从 8189 元 / 吨增加到 2011 年的 34086 元 / 吨。尽管 2011 年以后价格迅速下跌，到 2013 年为 20053 元 / 吨，2014 年继续下跌至 14854 元 / 吨，但仍然高于 2001 年的价格水平（如图 3-1 所示）。价格快速上升提振了农民种植橡胶的热情，从 2001 年到 2014 年，打安镇橡胶种植面积增加了近 2 倍，产量增加 3.3 倍；仅 2013 年橡胶新种植面积就达到 17368 亩。部分橡胶种植较多的农户因此盖了楼房，住上了"橡胶楼"。橡胶种植的扩张带来的是其他作物被替代，木薯种植因为比较效益不如橡胶，出现大面积减产，种植面积和产量相比 2001 年分别减少 77.7% 和 49.8%。2014 年甘蔗种植面积达到 9000 亩，比 2001 年增加 1339 亩，种植面积和产量相比 2001 年分别增加 17.5% 和 78.3%，但从其种植规模变化过程来看呈下降趋势；甘蔗种植面积在 2010 年达到最高值 11240 亩，之后逐年减少（如图 3-2 所示）。

在养殖方面，打安镇一直以养猪和家禽为主。随着水产养殖规模的扩大，畜禽养殖规模开始缩减。2001 年打安镇牛的年末存栏量为 2962 头，而到 2014 年仅有 140 头。农业机械动力增加、种植结构调整，导致耕牛需求量锐减，养牛需要消耗家庭劳动力且没有适合的草场用于放牧，因此大量农户选择卖掉耕牛。猪的年末存栏量从 2001 年的 5768 头减少到 2014 年的 4133 头，减少 28.3%。这个阶段养猪仍然以农户家庭养殖为主，部分农户开始规模化养猪，2011 年养猪规模（年末存栏量与当年出栏量之和）达到 17437 头。羊的年末存栏量从 2001 年的 878 只减少到 2014

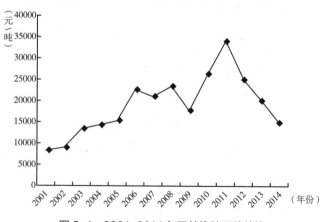

图 3-1 2001~2014 年天然橡胶干胶价格

资料来源：根据历年白沙县统计年鉴数据整理。

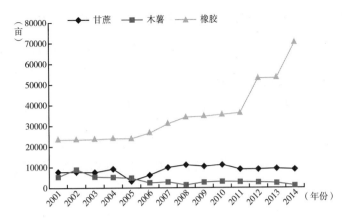

图 3-2　2001~2014 年打安镇甘蔗、木薯和橡胶种植面积变化趋势

资料来源：根据历年白沙县统计年鉴数据整理。

年的 242 只，其间养羊规模在 2005 年达到最大值，年末存栏量与当年出栏量分别为 726 只和 972 只。家禽年末存栏量从 2001 年的 53007 只减少到 2014 年的 41000 只，其间，2012 年养殖规模曾达到 175982 只，当年出栏家禽 117059 只。与此同时，水产养殖面积不断扩大，从 2003 年的 1020 亩增加到 2014 年的 3261 亩，年养殖量达到 2445 吨。

第五节　精准扶贫阶段（2015 年至今）

一　主要政策措施

2013 年 11 月，习近平总书记提出了"精准扶贫"的重要思想，全国开始探索精准扶贫精准脱贫工作。2015年10月，中共十八届五中全会提出了全面建成小康社会新的目标要求：我国现行标准下农村贫困人口实现脱贫，贫困县全部摘帽，解决区域性整体贫困。2015年12月，《中共中央 国务院关于打赢脱贫攻坚战的决定》发布，明确提出把精准扶贫、精准脱贫作为基本方略。扶贫攻坚进入新的阶段。

按照海南省委、省政府"十三五"期间"三年攻坚脱贫，两年巩固提升"的发展规划，白沙县通过大力开展精准扶贫措施，制定细致的精准扶贫政策：2016年实现脱贫2684户11365人，完成8个贫困村整村推进；2017年实现脱贫11800人，完成7个贫困村整村推进；2018年实现脱贫8771人，完成7个贫困村整村推进。届时，基本实现农村贫困人口不愁吃、不愁穿，义务教育、基本医疗、住房安全有保障的"两不愁、三保障"目标。为达到扶贫工作精准、有效，白沙县将扶贫任务分解落实，要求每个机关单位结对帮扶一个村庄，每位县处级领导干部结对帮扶5户贫困户，每位科级领导干部结对帮扶3~4户贫困户，每位干部职工结对帮扶2~3户贫困户。为保障扶贫措施能够落实，制定了详细的扶贫政策。[1]

（一）教育保障政策

按照扶贫先扶智、彻底斩断贫困链条的总体思路，对

[1] 《白沙县扶贫政策汇编》，2017。

建档立卡贫困户学龄人口加大教育扶持力度。通过教育提升贫困人口自我发展能力，阻断贫困代际传递。计划在2016~2018年投入9675万元用于全面实施改善贫困地区义务教育薄弱学校基本办学条件。对符合入园条件，且在县内幼儿园就读的建档立卡贫困户家庭幼儿予以生活费补助2500元/（生·年），县外就读生活补贴1750元/（生·年）。义务教育阶段免学杂费、课本费、作业本费、住宿费，给予生活补贴小学生3400元/（生·年）（含国家政策补助1000元），初中生4150元/（生·年）（含国家政策补助1250元）。普通高中教育阶段，免除其学杂费、住宿费和课本费，在县内就读的给予生活补贴4000元/（生·年）（含国家政策补助2500元），在县外就读的给予生活补贴2000元/（生·年）。中等职业教育阶段，免学杂费、住宿费，在县内就读的给予生活补贴4000元/（生·年）（含国家政策补助2000元），在县外就读的给予生活补贴2000元/（生·年）。高等教育阶段，被录取的在读脱产全日制大学生（不含研究生阶段），当年度扶贫专项助学金5000元/（生·年），次年起补贴生活费2000元/（生·年）；参加"我用双手挣学费"勤工助学金每人每年5000元。申请生源地信用贷款，读书期间的利息由财政补贴。以上均要求为具有白沙县户籍的建档立卡贫困户子女。

（二）医疗保障政策

医疗保障政策旨在全面提高建档立卡农村贫困人口医疗保障水平，防止因病致贫、因病返贫，为建档立卡贫困人口迈入小康社会提供健康保障。具体措施如下：新型农村合作医疗覆盖所有建档立卡农村贫困人口并实行政策倾斜，个人缴费部分（150元）由财政全额支付。乡、村两级新农合公立定点医疗机构普通门诊报销比例由50%提高到55%。25种慢性病特殊病种患者在省内省级、市县级新农合公立定点医疗机构门诊报销比例由70%提高到75%。住院不设起付线。在省内三级、二级和市县级新农合公立定点医疗机构住院报销比例由原来的60%、65%、75%，分别提高到65%、70%、80%。大病保险起付线由8000元降低至4000元。符合条件的残疾人20项医疗康复项目纳入新农合报销范围。提高所有地中海贫血患者新农合补偿水平，将排铁治疗药物纳入新农合报销范围，将重症地中海贫血患者造血干细胞移植纳入重大疾病救治，实行按病种付费，并提高报销比例。建立健康扶贫医疗救助专项资金，适当补偿新农合报销、大病保险、疾病应急救助三道防线后仍无力支付的贫困户。

（三）住房保障政策

根据《海南省2015年农村危房改造实施方案的通知》，按照因地制宜、经济实用原则，最贫困、最危险原则，统筹规划、重点安排的原则，坚持公平、公正、公开的原则，制定具体的实施方案、确定补助对象和补助标准。2016年预脱贫或2016年后计划脱贫的，按最高可享受6.1万元/户的标准，对建档立卡贫困户危房实施改造。2014、2015年农村建档立卡的脱贫户，未享受过危房改造政策的，如果其现有住房经鉴定为 D 级危房，且原址拆除重建，新建住房标准达到海南省农村危房改造最低建设要求的，给予 6.1 万元 / 户建房补助。2014、2015 年农村建档立卡的脱贫户，已享受过危房改造政策的，如果其现有住房经鉴定为 D 级危房，且原址拆除重建，新建住房标准达到海南省农村危房改造最低建设要求的，按照每户 4.6 万元标准给予建房补助。22 个整村推进贫困村中的非贫困户，如果其现有住房经鉴定为 D 级危房，且原址拆除重建，新建住房标准达到海南省农村危房改造最低建设要求的，按照每户 4.1 万元标准给予建房补助。建档立卡户，如果其现有住房经鉴定为 C 级危房，给予 1 万元修缮补助，C 级危房必须采用加固方式改造。危房改造面积要求：1~3 人户控制在 40~60 平方米以内，且 1 人户不低于 20 平方米，2 人户不低于 30 平方米，3 人户不低于 40 平方米；3 人以上户人均建筑面积不超过 18 平方米，不低于 13 平方米。改造后的农房应具备卫生厕所、人畜分离等基本居住卫生条件。

（四）产业扶贫政策

产业扶贫方面，白沙县专门制定了《白沙黎族自治县农业结构调整和产业扶贫工作实施方案（2016-2018）》。方案制定了产业结构调整目标、产业发展目标、产业扶贫目标。产业调整提出调减甘蔗面积 6.3 万亩，5 年内基本退出；建设核心胶园 50 万亩（含农场），推广全周期间作模式 2 万亩，力争单产提升 3.0% 以上，稳定总产能

1.84 万吨左右。产业发展目标提出发展主导产业，种植绿茶 8500 亩、益智 16000 亩、雪茄 3000 亩，养蜜蜂 2.57 万箱，打造牙叉、打安咖啡产业带；养殖黑山羊 20000 余只、黄牛 3000 余头、五脚猪 6200 余头、山鸡 24.4 万只；种植牧草 2900 亩、玉米 2200 亩，建设常年瓜菜基地 2650 亩，保障"菜篮子"供应；打造邦溪农业公园和元门农业公园，利用村民房前屋后、公路主干道两侧及镇区、村庄的"五边地"，发展"微菜园""微果园"，种植菠萝蜜 49 万株、咖啡 4.7 万株；培育发展特色种养业，种植优质水稻 6000 亩、仔姜 3000 亩、生姜 1600 亩、地瓜 2050 亩、槟榔 900 亩，养殖生猪 1.03 万头、鱼 3417 亩，扶持竹笋、

图 3-3　打安村村庄中的菠萝蜜树

（何昱辛拍摄，2017 年 4 月）

山柚茶、凤梨、食用菌、柚子、红心橙、灵芝、青枣、淮山、毛薯、牛大力、砂仁等特色农作物种植 6000 亩，扶持兔子、鸽子、果子狸、香狸、豪猪等特色养殖 20 万只。产业扶贫目标，通过农业结构调整，到 2018 年实现脱贫和巩固提升 24901 人的目标，提升脱贫人口致富能力，确保脱贫人口 2020 年最低收入超过 3295 元。

为了充分发挥龙头企业、专业合作社、专业大户的辐射带动作用，发展"公司＋合作社＋贫困户"等模式，吸引贫困农民以土地、劳动力入社入股，建立制度化的利益连接机制，多渠道增加贫困农民收入，白沙县加大对合作社等新型经营主体的奖励措施，对产业带动能力显著，销售收入在 1000 万元及以上的专业合作组织，每个奖励 10 万元；销售收入在 5000 万元及以上的，每个奖励 30 万元；销售收入在 1 亿元及以上的，每个奖励 50 万元。合作社完成"三品"（无公害产品、绿色产品、有机产品）认证的，每个奖励 5 万元。符合县级农业龙头企业认证条件，

图 3-4　打安村村庄中的黄花梨树

（何昱辛拍摄，2017 年 4 月）

并通过认证的，合作社奖励 5 万元；符合省级农业龙头企业认证条件并通过认证的，合作社奖励 10 万元；符合国家级农业龙头企业认证条件并通过认证的，合作社奖励 15 万元；符合国际级农业龙头企业认证条件并通过认证的，合作社奖励 20 万元。

（五）整村推进政策

2016 年，白沙县制定《白沙黎族自治县 2016 年整村推进工作实施方案》，提出对 8 个贫困行政村实施整村推进。通过实施整村推进扶贫开发，使 8 个贫困村经济、社会和产业全面协调发展，村内的主要道路全部硬化，群众基本喝上符合卫生标准的饮用水，实现户户通电，基本完成贫困户的危房改造工作，每个贫困农户至少掌握 1~2 项实用技术，参与 1 项以上养殖、种植、林下经济、设施农业等增收项目，贫困户年人均纯收入 2965 元以上，农民年人均纯收入增幅高于全省平均水平。九年义务教育巩固率达到 94.6% 以上，保障学生就近上学。每个村要实现互联网信号覆盖，至少有 1 名有文化、懂信息、能服务的信息员。确保基础设施和人居生态环境明显改善，自我发展能力较大提升，实现整体脱贫摘帽。村级班子机构健全，村务、财务、事务公开，班子带动致富能力强，干群关系和谐。

（六）社会保障政策

社会保障以农村低保兜底脱贫为目标，坚持问题导向、全面排查工作落实和管理服务等方面存在的问题和困难，认真分析原因，查漏补缺，切实提高低保政策执行水平，促进农村低保制度与扶贫开发政策有效衔接。具体措施包含：白沙县农村家庭人员，家庭月人均收入低于 280 元，可以申请低保。农村 60 岁以上孤寡老人、残疾人或者未满 16 周岁的孤儿，无劳动能力、无生活来源又无法定赡养、扶养能力的，可申请享受白沙县农村五保供养待遇。五保户、孤儿，合规的个人负担费用 100% 救助，年度最高救助限额 10 万元；农村低保户和农村建档立卡贫困人口，合规个人负担费用在 1 万元以内的按 70% 救助，1 万元以上的按照 75% 救助，年度最高救助限额 5 万元。对于符合条件的临时救助对象，根据其困难程度和不同情形，按照农村最低生活保障标准 3 倍以内给予共同生活家庭成员不超过 3 个月的一次性基本生活救助（人均封顶线不超过 2520 元）。造成死亡的给予不超过 3000 元 / 人的安葬费救助。

（七）电商扶贫政策

2016 年，白沙县设立 500 万元电商发展基金扶持电商发展，其目的是进一步优化全县电子商务发展环境，加快培育壮大电子商务产业，积极推进电子商务的广泛应用和深度发展，加快电商扶贫成效，推进全县经济的结构调整和转型升级。白沙县还制定了《白沙黎族自治县促进电子商务产业发展奖励实施方案（2016-2019 年）》。《实施方案》明确：扶持鼓励网店运营，对在淘宝、京东、天猫、苏宁等平台全年线上销售额在 10 万元以上、60 万元以上以及 100 万元以上的网店，将分别进行奖励。鼓励白沙县加工企业、商品流通业、物流运输业、服务业等积极参与电子商务发展，企业通过销售平台线上订单、线上交易年总销售额在 50 万元以上和 100 万元以上的，将分别进行奖励。鼓励网络销售单品爆品，对在淘宝、天猫、京东等平台年线上销售额超过 10 万元、30 万元和 60 万元的，将分别进行奖励。鼓励企业在天猫、京东、阿里巴巴、苏宁易购、一号店等开设官方旗舰店，对企业开设官方旗舰店，给予一次性奖励 3 万元。鼓励自建或合建第三方电商平台。

（八）就业帮扶政策

在就业帮扶政策方面，白沙县制定了《白沙黎族自治县就业创业脱贫工作实施方案》，计划到 2018 年底，在全县有就业意愿的建档立卡贫困户富余劳动力中，至少每户要有 1 名劳动力参加职业技能培训，同时以培训、招聘为抓手，积极引导建档立卡贫困户富余劳动力外出务工，实现"一人就业，全家脱贫"的目标。具体的政策包含：第一，就业创业指导优惠政策。为有就业意愿建档立卡的贫困劳动力免费提供就业咨询、就业指导、职业规划和岗位推荐；为有创业意愿的贫困人口提供免费的创业培训、项目推介、开业指导、政策咨询、跟踪扶持等"一条龙"创业服务，鼓励和引导更多贫困人口创业。第二，职业技能培训优惠政策。有就业意愿建档立卡的贫困劳动力每年可以免费参加一次就业局组织的职业技能培训，每年一次免费的职业技能鉴定。创业小额担保贷款优惠政策。建档立卡贫困人口在白沙县自主创业的，可申请3年政府全额贴息创业小额担保贷款，个人申请创业担保贷款额度不超过10万元；对符合贷款条件的贷款合伙人创业或组织起来共同创业的，贷款额度可以适当提高；小微企业当年新招用符合创业担保贷款条件的人员数量达到企业现有在职职工人数30%（超过100人的企业达到15%），并与其签订1年以上劳动合同的，可申请创业贷款最高不超过200万元，政府贴息50%。

　　以上是白沙县在精准扶贫工程上制定的扶持政策和具体措施，这一阶段的扶贫特点是精准，实现精准识别、精准管理、精准帮扶、精准退出。2016年全年完成标识脱贫2684户11365人，完成比例为107.7%；全县建档立卡贫困人口减至5011户20381人，贫困发生率18.05%。发展生产脱贫，整合投入特色产业资金3257.43万元，使10701名贫困群众实现脱贫；重点扶持8个贫困村发展乡村旅游，投入旅游开发资金1750万元；实现贫困人口劳务输出2320人；对2个自然村实施易地整村搬迁工程；中央和县级财政安排生态补偿资金176万元；改造贫困户危房2139户；建档立卡贫困人口2186人纳入低保范围；投入7334万元用于农村"五网"基础设施建设。[1]农村常住居民人均可支配收入达9649元。

---

　　① 白沙县统计局：《2016年白沙县国民经济和社会发展统计公报》，2016。

图 3-5　白沙县脱贫攻坚指挥部档案室

（何昱辛拍摄，2017 年 4 月）

二　产业发展

　　海南省农业供给侧改革提出"十三五"期间，要努力实现亩均纯收益低于 600 元的产业、产品基本退出的目标。在种植业中，种植规模超过 10 万亩的产业有 13 个，但亩均纯收入 1000~5000 元的产业仅 7 个，亩均纯收入在 1000 元以下的就有 6 个，包括甘蔗[①]、橡胶、水稻、番薯、花生、椰子等。为此，海南省提出调减一批低效产业，发展优质高效农业产业。

　　粮食作物和谷物作物主要用于农村居民保障家庭口粮以及部分家禽和牲畜的饲料。2016 年，全镇粮食作物播种面积

[①]　况昌勋:《甘蔗种植 3 至 5 年内将基本退出海南农业产业》,《海南日报》2016 年 4 月 8 日，004 版。

7134 亩，产量为 2373 吨，面积和产量比 2015 年分别增加 16.19% 和 24.57%；谷物作物播种面积 6479 亩，产量 2216 吨，面积和产量比 2015 年分别增加 19.23% 和 27.72%。但粮食作物和谷物作物种植面积相对于 2014 年以前都有所减少，未来粮食作物和谷物作物将以优质稻、特种水稻推广为主要方向。甘蔗是白沙县比较传统的经济作物，2016 年，播种面积 8015 亩，产量 39250 吨，种植面积与 2015 年持平，产量有所增加。全省产业结构转方式现场会提出甘蔗种植 3~5 年内基本退出海南，2016 年是产业结构调整的第一年，甘蔗调减面积为 15 万亩。因此，打安镇甘蔗种植面积将会进一步缩减。2014 年，木薯种植面积为 1217 亩，相对于 2013 年缩减一半，2015 年进一步缩减，仅存 799 亩，2016 年，木薯种植面积 750 亩，产量 2060 吨。木薯可以用于制作淀粉、加工成乙醇等，有一定的工业用途，随着海南省与木薯相关的加工企业相继倒闭，木薯主要用于饲养家禽或者牲畜，从而导致产业规模快速缩减。2016 年，瓜菜播种面积 4450 亩，产量 2720 吨，种植规模和产量相对于 2015 年都有小规模的缩减；自 2012 年打安镇瓜菜种植面积达到历史最高以来，瓜菜种植面积和产量都呈现逐年递减的趋势。

热带作物是乡镇经济发展的主要动力，其中橡胶是主要支撑。由于 2014 年以来天然橡胶价格持续低迷，农民种植橡胶的积极性减弱。2016 年，打安镇橡胶年末种植面积为 70803 亩，与上年持平，当年没有新种橡胶，投产面积 34779 亩，比上一年减少 738 亩，干胶总产量 4240 吨，比上一年减少 452 吨。作为打安镇的基础产业，其未来的发展与天然橡胶价格息息相关。打安镇其他热带作物主要为椰子和槟榔，但椰子种植规模小，大部分农户作为庭院经济发展。2016年统计的椰子种植面积49亩，收获椰子23590个；槟榔种植面积468亩，当年收获面积390亩，产量156吨。近年来由于槟榔价格走高，经济效益好，白沙县扶贫开发中槟榔也是重点推广的扶贫产业之一。

打安镇热带水果以香蕉、荔枝和龙眼为主，由于技术门槛较高，投资较大，少有农户大规模种植热带水果，以农户庭院种植为主，部分家庭水果有富余会拿到市场上卖。2016年，水果种植面积143亩，当年收获面积135亩，总产量164吨；其中香蕉种植面积80亩，全部投产，总产量144吨；荔枝52亩，当年新种14亩，收获面积44亩，总产量16吨；龙眼11亩，全部投产，产量4吨。

牲畜和家禽养殖在乡镇经济发展中一直不占据主导地位，牲畜和家禽产品主要用于居民家庭食用，较少用于市场交易。2016年，打安镇年末牛总数为320头，黄牛140头，水牛180头，仅占全县的3.36%，其中劳役牛为166头，占全县的23.82%，出栏量82头，牛肉产量为5吨；生猪年末存栏量4856头，占全县的5.25%，其中能繁母猪211头，年出栏量10683头，猪肉产量961.2吨；山羊年末存栏量330只，占全县的2.63%，其中能繁母羊60只，出栏量616只，羊肉产量4.4吨；家禽养殖以养鸡为主，全镇家禽存栏量69100只，占全县的5.29%，其中鸡年末存栏量为57100只，家禽当年出栏量120136只，禽肉产量179.4吨，禽蛋产量3.6吨。

第四章

打安村村庄特征

第一节　村庄概况

打安村位于打安镇政府所在地，村委会距镇政府仅2公里。打安村下辖6个村民小组和1个村办经济场。6个村民小组分别为打安村、长岭村、远征村、保尔村、可雅新村和可雅老村，村庄总面积为22.35平方公里。

打安村委会老办公楼位于镇区，邻310省道，距离白沙县县城约14公里，交通比较方便，而且6个村民小组到镇区都在2公里以内，汽车运输也比较方便。2014年，村委会新办公楼搬迁到长岭村，距离镇政府所在地约2公里。尽管打安镇与国有农场毗邻，有过并场队的历史，但打安村并没有经历过行政村合并。

图4-1 打安村委会门前广场

（何昱辛拍摄，2017年4月）

打安村常住人口1396人，总户数达305户，其中少数民族户数为272户1054人，外来人口户数为5户。全村劳动力数量为725人，其中外出半年以上劳动力人口和外出半年以内劳动力人口均为150人，基本上不存在举家外迁的情况。外出到海南省外的劳动力约90人，到县外省内的劳动力约210人。[①]外出劳动力大多从事制造业、建筑业、商业服务等低端行业，部分人（约80人）因为吃不了苦或者有其他事情而中途返乡。对部分劳动力而言（约60人），外出务工只是他们弥补家庭收入的辅助手段，他们在城市并没有稳定的职业，农业生产仍然是其家庭主要经济来源，所以他们会定期回家务农。

---

① 根据打安镇政府提供的数据整理得到。

打安村村内未建设学前教育机构，离村庄最近的中心小学位于镇上，距村庄约 2 公里，中学也已经于 2015 年合并到县城中学，现在村里的孩子需要到县城上中学。目前村庄有 3~5 周岁儿童 32 人，均未接受学前教育。小学阶段适龄儿童有 137 人，其中女生 59 人，全部接受小学义务教育；其中 125 人在乡镇小学上学，11 人在县城的小学上学，还有 1 人去外地上学。

村内没有文化技术学校，也没有获得县级以上证书的农业技术员，但村干部及上级政府部门会邀请农业技术专家对村民进行专业技术培训。2016 年，村内共举办了 5 次农业技术讲座，有 275 人次参加了技术培训，另有 180 人参加了职业技术培训。打安村定期组织贫困户参加"脱贫致富电视夜校"课程学习，通过电视夜校为贫困户讲授技术知识，传递招工就业、市场行情等信息。

图 4-2 打安村村中的体育健身器材

(何昱辛拍摄，2017 年 4 月)

村委会办公场所为二层小楼，面积约 600 平方米，于 2015 年 1 月建设完工，资金主要来自上级拨款 180 万元。村委会设置图书室 1 个，面积 25 平方米左右，内有藏书 3000 余册，但实际来学习的农户较少。村民几乎没有宗教信仰，也没有村民自发组织的兴趣协会，故也没有建设相关的场所。文体局等单位在村中建设了文化体育设施，如村委会门前的水泥篮球场，健身设施。投入的资金来自文体局，具体投资金额并未对外公布。由于大部分农户忙于农业生产或未形成锻炼的习惯，他们的健身意识不强。

黎族有着丰富多彩的传统文化，黎族民歌、黎族舞蹈、黎族竹木器乐、黎族织锦和传统体育。三月三节（农历三月初三）是海南省黎族人民最盛大的民间传统节日，各家各户都会通过摆长桌宴的方式来庆祝。

第二节　村庄资源与发展情况

一　土地资源

1982 年之前，打安村处于人民公社体制时期，土地归集体所有和经营。1982 年打安村成立村委会，开始实行联产承包责任制，按人口将土地分给各户经营，村民以种植木薯、甘蔗、水稻等作物为主。当时林地为荒地，没有进行分配。橡胶林地都是农户开荒后种植的，本质上属于集体所有，农户只拥有使用权。

调查数据显示，打安村拥有耕地 970 亩，其中有效灌溉面积 315 亩；园地面积 3853 亩，主要种植果类、瓜菜、桑树、槟榔等作物；林地面积为 3803 亩，其中包含退耕还林 82 亩；养殖水面 30 亩。林地主要种植橡胶树，因打安村委会位于海南省水源保护地上游，被纳入生态保护区，2000 年以来橡胶大规模扩种，部分橡胶树种植在生态保护区，现在这部分橡胶树禁止更新。

在白沙县，山地居多，土地流转的制度和市场尚未形成，地形因素和制度因素限制了打安村的土地流转，村民几乎没有流转土地的行为。村集体有一片 80 亩的山林地用于对外出租，平均租金为 300 元 / 亩。据村干部介绍，全村闲置抛荒耕地面积达 320 亩，但据课题组调查，部分土地并非完全抛荒而是季节性抛荒，在合适的季节农户会在所谓的荒地上种植瓜菜，其他季节则让土地闲置。2004 年，村委会经历过第二轮土地承包期内土地调整，但村干部认为这并不算调整，而是土地面积的核实。村委会并没有在全村范围内重新调整和分配土地，农户家庭承包的土地可以实现代际传递，但新增人口的土地由其家庭内部划分，村委会不会因为新增人口而分配土地。2016 年，村委会开始土地确权工作，目前已经确权完毕但并未颁证，因有部分农户因确权土地面积小于其原有面积而拒绝签字。

二 经济发展

打安村村民人均纯收入为 7300 元 / 年，村庄经济发展主要依赖农业生产。全村没有农业企业、制造业企业，只有 4 个零售小卖部和 1 个农家乐。

目前天然橡胶仍然是打安村的支柱产业，是村民经济收入的重要组成部分，但因为橡胶价格从 2014 年开始持续低迷，农户割胶的积极性大大减弱，并且因为割胶需要夜间劳动，导致劳动者作息紊乱，从事割胶生产的劳动力大量外流，特别是年轻人更加不愿意从事橡胶生产。但从事橡胶生产的重要优势在于产品不愁销路，远龙橡胶有限公司在打安镇下设收胶站负责收购胶水和胶片，橡胶产品只有价格高低的差异，不会存在销售不出去的问题，且如果外出打工，橡胶树也不会因为疏于管理而出现严重损失，而如果割胶，每天的卖胶收入一般都能维持家庭生活开支。目前，村里一般每户留 1~2 人管护橡胶树，其余劳动力外出打工，家庭若有人长期务工，则务工收入会占收入的绝大比重。随着经济的发展，农户的生活习惯和观念也在发生改变。以前村民割胶后常常只喝酒不再干其他活，现在空闲时间还能出去务工，劳作方式多元化。

村庄目前未通公交车，但每家每户都有摩托车、电动车，个别家庭还有轿车。由于离镇区近，出行也较为方便。村里基本没有在县城买房的情况，村里孩子主要在技术学校接受职业教育，上大学的非常少。

三 合作社建设

全村有 4 家农民专业合作社。成立最早的是白沙焕发专业合作社，成立于 2013 年 4 月，由农户个体领办，主要从事天然橡胶原料收购。由于近几年天然橡胶价格持续低迷，合作社已经 2 年没有收购橡胶等的实质业务。

白沙海通蜜蜂养殖专业合作社成立于 2014 年 6 月，有 5 名社员，主要从事蜜蜂养殖与销售。合作社总资产约为 45 万元，2016 年销售额为 7 万元，分红 2 万元。养蜂大户张德志是合作社负责人，他也是党员、村里的扶贫带头人和村监督委员会成员。张德志从 1994 年初中毕业就开始养蜂，通过慢慢摸索和多年经验积累，目前有蜜蜂接近 300 箱。2014 年合作社成立时共有 5 名成员，其中 4 人是由广东迁过来的，另 1 人为本村低保户，大家都有各自的蜂箱 10~80 箱不等。合作社成立时，打安镇政府扶持了几十箱蜂种，帮助扩大养殖规模。2016 年底，政府利用扶贫资金买了 100 箱蜜蜂，由张德志帮扶打安村 9 户贫困户养蜂。9 户贫困户均为黎族，其中 2 户各有蜜蜂 15 箱，其余 7 户各有 10 箱。张德志负责养蜂和提供技术服务，贫困户跟着学，利润与贫困户五五分成。张德志与贫困户之间都签订了合同，合同期限为 4 年，到期后，贫困户可以选择退出，自己养蜂，也可以继续由张德志代养。由于帮扶贫困户养蜂，2016 年政府补助张德志 3000 元。

合作社成员之间经常一起交流养殖经验和技术，但没有经济上的往来，只是一起养蜂，各自销售。正常情况下每箱蜜蜂产蜂蜜约 10 斤，除去其他费用，收入 500 元。2017 年，由于雨季多、花较少，合作社成员养蜂受到影响，张德志所养蜜蜂产蜜仅有几百斤。2016 年，合作社注册了自己的商标——群娥酿，注册费 1200 元。蜂蜜以批发为主，零售较少，少量在微店、京东进行销售。由于养殖时间较长，合作社成员都有固定客源。2017 年，打安镇 7 个养蜂大户遭遇销售困难，镇政府通过举办"为爱众筹"活动认购蜂蜜，共销售 5.1 万元。

2016 年 7 月，打安村委会成立了白沙安定种养专业合作社，用于集体经济产业开发和精准扶贫。合作社目前在村委会的推动下开展种桑养蚕项目以带动贫困户脱贫。该项目由打安镇政府和挂点帮扶单位——海南美亚实业有限公司共同推进。2016 年，种桑养蚕项目开始筹划，由合作社进行土地流转，以便于开展桑树规模化种植。2017 年，合作社开始种植桑树，共建设 40 余亩桑树示范基地，暂不涉及贫困户，由各村民组长带头示范，一个组长带 8 名妇女进行经营管理。2017 年底，准备在打安村扩展到 200 亩，将涉及贫困户及非贫困户共几十户。合作社生产的蚕茧由海南琼中县中丝公司回收，销路基本能够得到保障。公司还提供技术，派驻工作站，进行技术指导。一张蚕床约产蚕茧 90~120 斤，价格为 20~22 元 / 斤（视市场行情而定）。约 4 亩地养一张蚕床，一批约产四五张，一个月可以卖两到三批蚕。

白沙业殊豪猪养殖专业合作社是打安村成立时间最晚的一家合作社，2017 年 6 月才正式挂牌，是由远征村村民发起的，有 7 名社员。合作社负责人杨贺顺 2015 年 6 ～ 7 月份开始养殖豪猪，从琼海的合作社购进种苗，当时种苗是 1500 元 / 头（10~15 斤），一公两母为一组，买了 5 组，共 15 头。2017 年合作社成立，社员投资 81.3 万元用于养殖基地建设和豪猪种苗引进。已经建设厂房约 800 平方米，养殖规模达到 325 头，养殖能力在 1000 头左右。豪猪抵抗力很强，不用打疫苗，平时饲养管理不用请人，主要饲料为玉米、草、地瓜叶等，养殖管理比较粗放。豪猪全身都是宝，肉质细腻，味道鲜美，深受人们的喜爱，被誉为山珍，而且具有很高的药用价值，肉、脑、脂肪、心、肝、胆、胃、箭刺均可入药，具有降压、镇痛、活血、化瘀、祛风、通络等功效，粪便还可以给橡胶树做肥料。目前活猪市场价 70~80 元 / 斤，净猪肉 100 多元 / 斤，产品主要销售给各大酒店。2017 年 7 月，打安镇有 32 户贫困户加入养豪猪行列，其中打安村有 4 户，政府相应投入产业扶贫资金 21 万元。豪猪养殖厂房在打安村内。贫困户

图 4-3　课题组成员考察豪猪养殖场

（任怡楠拍摄，2017 年 12 月）

的产业扶贫资金以入股的形式加入，每年按 12.5% 的比例固定分红。

白沙众民食用菌专业合作社是镇一级的合作社，成立于 2017 年，采取"龙头企业＋合作社＋农户"模式，打安村全村 65 户贫困户全部参与。打安镇有两个贫困村种植茶树菇，除打安村外，另一个村是南达村。每个村有一个厂房，各占地两亩。两村共同组建合作社，共有菇种 20 万袋，由同一家企业收购，贫困户以产业扶贫资金入股，根据产业收入情况进行分红。2017 年 5 月 28 日开始接种，3 个月后采菇，可连续采摘 6 个月。合作社以每个菌包 6 元的价格买入，以 6.93 元的价格卖出，一个菌包的净利润为 0.93 元。同时，贫困户还可以参与菌菇采摘，采菇劳务费由公司支付。合作社盈利额 10% 分配给合作社，用于日常管理，其中 5% 归村集体，5% 归合作社理事会，剩余 90% 以分红的形式发放给农户。按照合作约定，一旦入股，3 年不得撤出。

图 4-4　打安茶树菇基地简介

（朱月季拍摄，2017 年 12 月）

图 4-5　打安茶树菇基地

（朱月季拍摄，2017 年 12 月）

第三节　村庄产业变迁

打安村 1982 年开始实行土地家庭联产承包。承包之前，农户发展产业以木薯和甘蔗为主，这也是农民家庭的主要经济收入。因为种植技术不规范，产品也主要用于家庭生活，即便多余的农产品也没有稳定的市场保证产品的销售，因此许多农户家庭比较困难，收入仅能维持温饱。1982 年以后，村庄开始尝试橡胶树种植。

橡胶树在海南的规模化种植始于 20 世纪 50 年代，主要在海南农垦下属的各个国有农场进行。土地家庭承包之前，农户难以接触了解橡胶生产技术，即便种植橡胶树也不好找销售渠道，因为农垦在橡胶生产经营方面几乎处于

图 4-6 打安村村庄的甘蔗种植

（何昱辛拍摄，2017 年 4 月）

垄断地位。村庄引进橡胶树种植初期，农民劳作时间从白天转为晚上干活，完全颠倒了农户正常的作息规律，大部分农户还不愿意尝试这样的新事物，种植橡胶树的农户寥寥无几，只有部分村干部碍于上级压力，率先种植橡胶树。同时，村委会利用集体土地掀起一场种植橡胶的热潮，为后来村集体经济收入打下了坚实基础。

随着时间的推移，种植橡胶的收益凸显，部分先种植橡胶树的农户获得了可观的经济收益。1994 年以后，国家放开了对天然橡胶的市场价格管制，天然橡胶价格由市场决定，价格开始大幅上涨。在利益驱动下，农民开始大量种植橡胶树，到 20 世纪 90 年代末，几乎每家农户都种植橡胶树，少则 400 多株，多者达到 2000 多株。2001~2011 年，天然橡胶价格整体稳步提升，从 8189 元/吨增加到 34086 元/吨，这期间也成为海南橡胶树大面积扩张的阶段。特别是 2011 年前后，橡胶价格创历史新高，农户种植 1000 株橡胶树，如果全部投产，割胶一天收入可以超过 1500 元，一个月（割胶时间按照 20 天计算）收入就 3 万多元甚至更高。橡胶生产带来了农民生活水平的迅速提升，许多农户建起了房子，买了小汽车。2015 年起，橡胶价格持续低迷，市场价格跌破 10000 元 / 吨，一些收购站收购价格一度仅为 6 元 / 公斤，严重挫伤了农户生产积极性。很多家庭生产经营步入困境。目前，村庄农业生产仍以橡胶为主，现有橡胶树面积 6387.9 亩，橡胶单产 79 公斤 / 亩。橡胶树采胶时间为每年 4 月下旬到 12 月末。

在镇党委政府的领导下，全镇重新调整产业结构，在以传统橡胶为主导产业的同时，积极发展林下经济，种植益智树等。同时，开始发展养殖业，提倡种养结合，充分利用空间和资源发展家庭经营。为此，打安村委会在驻村工作组的帮助和支持下，精心谋划产业发展，制

图 4-7　打安村村民的橡胶林

（何昱辛拍摄，2017 年 4 月）

图 4-8　打安村橡胶林下产业——益智苗

（何昱辛拍摄，2017 年 4 月）

定产业发展方案：带动 27 户贫困户养殖蜜蜂，达到 280
箱蜂蜜的规模；尝试茶树菇种植，规模约 2 亩，带动 65
户贫困户发展经济；开展豪猪特种养殖，共养殖豪猪 273
头，带动 32 户贫困户（包括外村贫困户）；开展种桑养
蚕，建设 40 亩标准化示范基地，带动有意愿加入的贫困
户和非贫困户发展桑蚕产业。此外，将远征自然村打造

图 4-9　打安村养蜂大户展示蜂蜜

（何昱辛拍摄，2017 年 4 月）

成蜜蜂养殖专业村，目前该村每家每户都已经掌握了蜜蜂养殖技术。

打安村产业发展情况如下：种植方面，以经济作物为主，有橡胶 5772.1 亩、水稻 329.2 亩、槟榔 102 亩、蔬菜 454 亩、甘蔗 667 亩，兼顾种植玉米 95 亩、番薯 67 亩、木薯 55 亩、益智 35 亩。养殖方面，以自养自销为主，有生猪 118 头，年出栏量 312 头；家禽 2994 只，年出栏量 7714 只。其中蛋鸡 506 只，年出栏量 1340 只；鸭 158 只，年出栏量 605 只；鹅 86 只，年出栏量 317 只；等等。

第四节　村庄治理与基层民主

一　基础建设与公共服务

打安村委会场所设施完善，建有基本健身器材、群众活动广场，道路硬化情况良好。村庄通到镇上的道路是长达 2 公里的水泥硬化路面，路宽 3.5 米。村内通各小组道路长约 15 公里，且道路旁设有路灯照明。村委会办公室配备有联网电脑，10 户普通村民家庭也有电脑，全村使用智能手机的用户达到 600 人以上，手机信号在村里能够实现 100% 覆盖，无手机也无座机的仅有 4 户家庭。

图 4-10　打安村村庄道路

（何昱辛拍摄，2017 年 4 月）

目前全村设有 1 个卫生室，但是没有药店，卫生室有 1 名具有行医资格的医生，但没有接生员。由于道路等基础设施较好，许多农户家庭就医、生育都可以比较顺利地去县城或者省城，因而全年没有出现过 5 岁以下儿童死亡或者孕妇死亡的情况，也未出现自杀现象。全村身患大病的目前有 9 人。

全村农户都能够用电，电价基本维持在 0.6 元 / 度，用电成本不高，使用也比较稳定，2016 年停电大概有 10 次。为了改善村庄环境，村内设有 50 个垃圾箱，居民生活垃圾 100% 集中处置。居民用水主要来自受保护的井水或者泉水，自来水管道用户数达到 254 户。

村庄内宅基地供应较为充足，不存在违规占用宅基地建房的农户，户均宅基地面积达到 175 平方米，有 55 户家庭已经盖起了楼房，全村砖瓦房、钢筋水泥房所占比例达到 98%，少数家庭建好钢筋水泥房或者楼房后，原有木结构房还在使用。全村被划入危房的户数有 70 户，其中包括 65 户贫困户和 5 户非贫困户。随着精准扶贫工作的开展，贫困户的危房已经或者正在改建。由于与外界联系较少，没有房屋出租的需求，村内不存在房屋出租情况。

全村 305 户 1396 人全部参加了新型合作医疗，按照每人每年 150 元的标准缴费；全村有 840 人参加社会养老保险，有 9 户非贫困户共 36 人被纳入低保户，2 户 2 人被纳入五保供养户。五保户和低保户每人每季度有 600 元的生活补助，这些补助全部来自国家救助，总计 9.12 万元。每年村集体还会利用集体经济的部分资金补助困难户，2016 年，集体帮扶困难户 3500 元。

村庄地处山区，近年来年降水量约 1725 毫米，农作物生产灌溉水源主要来自地表水，正常年景水源基本能够得到保证。为保证农业生产，村庄建有 3100 米的水渠。由于村庄被纳入海南水源保护地范围，地下水开采受到严格限制。橡胶树是主要农作物，种植在山上或者坡地，不用考虑灌溉问题，但水稻、瓜菜等作物需要用水。

二 村庄治理与基层民主

1982 年，打安村建立了村民委员会和村党支部委员会，简称村两委。打安村民委员会设有主任、副主任、委员，成员由村民直接投票选举产生。村委会下设村级理财小组和监督小组，成员由村民代表直接选举产生。村党支部设有书记、副书记、委员，成员由全体党员直接选举产生。新一届选举产生的村委会主任是由党支部书记兼任的，其他"两委"委员交叉任职达90%以上。全村中共党员人数有64人，其中50岁以上党员有49人，高中及以上文化党员8人；全村共有6个党小组，党员代表共5人。村民代表有25人，其中5人属于村两委委员，村党支部委员有5人，村民委员会5人。村务监督小组有3人，民主理财小组3人，均来自非村两委成员。

最近两届村委会选举分别在2013年和2016年。2013年，有选举权人数为720人，实际参选人数700人，村主任得票600张；2016年，有选举权人数为756人，实际参选人数756人，村主任得票640张。选举按照正常程序进行，设有秘密划票间，设立流动投票点，进行大会唱票选举，投票期间不发放钱或物品。

第五节　村庄贫困情况

一　贫困现状

打安村坐落于山间平地，当地农民的收入来源主要是种植业。全村共1396人，其中23.5%的农户处于贫困状态。2016年，海南省农民人均可支配收入为11843元，打安村人均可支配收入为4800元，仅为全省平均水平的40.5%。部分贫困户的人均年收入严重低于现行标准的3305元，处于极度贫困状态。

2016年，实施精准扶贫项目以来，全村305户居民中建档立卡贫困户占78户（包含巩固户和建档户），按现行贫困线标准，目前实际贫困户为65户，贫困人口274人。另外还有12户低保户，涉及人口37人；2户五保户，2人；文盲、半文盲人口30人，残疾人口18人。[①]扶贫开发多年的实践证明，通过扶持、引导和培训，提高贫困人口素质，增强其就业和创业能力，把人口压力转化为资源优势，是加快贫困农民脱贫致富步伐的有效途径。为进一步提高贫困人口素质，国务院扶贫开发领导小组办公室决定在贫困地区实施"雨露计划"。2016年打安村参加"雨露计划"的贫困人口有4人，均为"两后生"。

贫困户居住条件较差，仍居住在20世纪修建的瓦房中。虽然义务教育和教育扶贫政策很大程度上解决了贫困农户的子女教育问题，对于多子女的贫困户来说子女到县城就读初、高中的费用仍然是沉重的家庭负担。部分遭受突发事故或家中有人患慢性疾病的贫困农户则因医疗开销一贫如洗，有的陷入沉重的债务负担。

① 精准扶贫精准脱贫百村调研 – 打安村调研。

图 4-11　打安村贫困户住房（一）

（何昱辛拍摄，2017 年 4 月）

图 4-12　打安村贫困户住房（二）

（何昱辛拍摄，2017 年 4 月）

二　精准扶贫概况

根据白沙县决策部署，打安镇政府及打安村两委在精准扶贫方面做了大量工作，在危房改造等"两不愁三保障"等工作方面取得了重要进展。加大产业扶贫力度，橡胶产业方面，2016年底，种植橡胶70586.79亩，2271110株，开割面积34596.32亩，1142711株，干胶产量45301吨。发展黑山羊产业，通过"专业合作社＋产业能人＋贫困户"的模式，参与贫困户135户，养殖541只。通过"专业合作社＋专业户＋贫困户＋扶贫项目"发展了生猪养殖和养蜂产业。

围绕"两不愁三保障"，重点开展了危房改造。把鉴定出来的所有危房都列入改造范围。按时按质按量完成危房改造任务。打安村居住房屋评级达到危房级别的贫困户将受到房屋改造项目的直接补贴，危房改造补贴的标准为每户6.1万元，用于重建和改善贫困户的居所，保障贫困户的居住与生活基本需要。

对贫困户进行培训是扶贫工作的重要一环。打安村的贫困户培训有一个从单一向多元的转变过程。扶贫先扶

图4-13　打安村旧房前正在进行新房建设

（何昱辛拍摄，2017年4月）

图 4-14　打安村已建成完工新房

（张世忠拍摄，2017 年 4 月）

智，许多贫困户缺乏技能，从事特色农业生产风险大，因此技术培训成为扶贫工作的重要内容之一。实施精准扶贫前，技能培训比较少，主要由县扶贫办发放扶贫物资，比如鸡苗、鹅苗、益智苗、化肥等，劳动力外出务工由农户自己解决，而且比较不稳定。实施精准扶贫后，劳动力开展技能培训比较多，由乡镇和县里相关单位共同聘请中国热带农业科学院等单位的农技专家现场为农户培训授课，比如橡胶、益智种植和管理，畜牧科学养殖管理等。打安村贫困户获得扶贫物资普遍集中而且批量力度都很大。例如，2016 年，为推动贫困户发展产业，相关扶贫单位在全村发放黑猪 227 头，蜜蜂 310 箱，山鸡 320 只，鱼苗 8000 尾，菠萝蜜 3711 株，2017 年又发放化肥 225 包，蜜蜂 465 箱。在发放物资的同时，还组织相关单位对农户进行技术培训，而且适时引导贫困户加入合作社抱团发展产业。

电视夜校扶贫也是打安村扶贫的一大亮点。电视夜校每周一晚上八点播出，村委会组织贫困户到村办公室观看，学习技术、了解政策、相互讨论。为了发展种桑养蚕，打安村委会还组织党员和群众代表 20 余人（其中 10 人为贫困户）赴琼中实地考察，并通过电视夜校开展贫困户蚕床编织培训，组织贫困户编织蚕床，产品由安定种养合作社回收，价格为每张 5 元（成本约 1 元），一般每人每天收入约 100 元。

2017 年上半年，打安村委会还组织人员参加白沙电商办举办的村淘培训班，鼓励农户特别是接受速度比较快的年轻人发展特色产品，通过注册网店进行销售。在打安镇区内有打安村的乡村网店，这里离打安村很近。乡村网店优先从辖区内选拔创业人才做店小二，由县政府统一招募、培训、考核，合格者可以开始网店经营，网店的房子、网络等由政府出资。2017 年还组织开展关于农机维修的技术培训，县农机服务中心的工作人员到村委会现场教授农机维修。这些维修内容主要涉及的是一些比较常用的小型农业机械。

在劳动力外出务工、就业方面，县人力资源与社会保障局经常会同各乡镇、企业组织农民工招聘会，解决贫困户就业问题，并出台贫困户子女外出务工补贴政策，激励贫困户子女外出务工。招聘会上前来招聘的大多是本省企业，例如远龙公司、槟榔加工企业。村民还可以利用互联网和手机在家里赚钱，云集微店为人们提供了营业平台，村民只需交纳 100 元左右的会员注册费，就可以通过转发朋友圈帮助公司销售产品，只要下单成功就有分红，每完成 100 元的交易可以提成 1~2 元，产品品质、物流等由公司负责，农户不用承担风险。

海南美亚实业有限公司定点帮扶打安村。2016 年以来，公司派出了扶贫工作队驻村开展扶贫工作，召开多次扶贫工作专题会议，制定了"种桑养蚕产业扶贫为主，其他扶贫举措为辅"的扶贫举措。协助打安镇政府组织村委会30多名村民代表到琼中县参观学习，投入培训费用11800元，用于组织村干部和贫困户参加2016年冬交会，投入124000元购买了一台扶贫专用耕王RM1004拖拉机及相应农耕作业设备。在打安村建设45亩桑叶种植示范基地。

三 脱贫情况

脱贫的具体衡量指标是"两不愁三保障"，即不愁吃不愁穿，义务教育、基本医疗和住房有保障。在特色产业、合作社带动及外出务工等多项卓有成效的措施推动下，打安村贫困户人均纯收入有较大提升。打安村共有65户贫困户，2017年，脱贫51户，共222人。未脱贫的14户中，部分是低保户（老弱病残，缺少劳动力），需要社会保障兜底，还有一部分是因为农村的当地风俗，认为八字或风水不好，不选择盖房，从而无法保障住房安全。

2017年年底，打安村进行贫困户建档立卡考察评议，有48户申请，村委会联合公安、住房、国土等部门对农户信息进行比对，主要是查看车、房、土地等的拥有情况。通过评议，最后批准18户申请。课题组年底调研时正值工作队进行入村核查。工作队核查后，镇党委再进行评议、公示。打安村已被列入2018年整村推进计划，预期将有更大的改变。

第五章

样本农户生产生活情况统计分析

第一节　样本农户概况

一　被调查对象个人特征

本次共调查打安村居民 61 户，其中建档立卡户 31 户，为贫困户，非建档立卡户 30 户，为非贫困户。样本中包含一般贫困户与非贫困户各 28 户，在建档立卡户中 2 户为低保户，1 户为脱贫户，其余 28 户为一般贫困户；非建档立卡户中，存在 2 户家庭未说明其非建档立卡户的类型，另外 28 户为非贫困户。

打安村户主大多为男性，只有 7 位户主为女性。统计发现，户主大多是年龄集中在 30~60 岁之间的中年人，户主年龄在 30 岁及以下的仅 2 人，61 岁及以上的老年人有 8 人。由此可知，打安村户主大多为男性青壮年，可以成为家庭主要劳动力与收入来源，是整个家庭的支柱。

表5-1　打安村被调查对象年龄分布

年龄	30 岁及以下	31~40 岁	41~50 岁	51~60 岁	61 岁及以上
人数（人）	2	19	15	17	8

资料来源：精准扶贫精准脱贫百村调研 – 打安村调研。

说明：本书统计图表，除特殊说明外，均来自打安村调研。

户主受教育水平统计结果见表 5–2。打安村 61 位户主中，大多数只有小学或初中学历，仅 1 人为大专及以上学历，7 人为高中学历，2 人为文盲。由此可知，打安村户主受教育水平普遍不高，需要进一步加强文化普及，提高居民知识水平。

表5-2　打安村被调查对象学历情况

学历	文盲	小学	初中	高中	大专及以上
人数（人）	2	23	28	7	1

在所调查的 286 人中，有 200 人教育水平为小学或初中，比例高达 69.93%，大专及以上人口仅占 3.8%，建档立卡户该比例仅有 2.2% 左右，初中及以下教育水平人口占到 77.6%。可以发现，当地居民受教育程度主要集中在小学和初中水平，高学历人才数量极少，文化程度较低，建档立卡户中这种现象更为明显，这可能是造成打安村贫困的主要原因之一。

表 5-3　打安村居民受教育程度

单位：人

文化程度	文盲	小学	初中	高中	中专	大专及以上	其他	合计
建档立卡户	12	61	43	7	5	3	4	135
非建档立卡户	10	40	56	15	6	8	16	151
合计	22	101	99	22	11	11	20	286

二　被调查对象家庭特征

调查发现，在所选取的 61 户居民中，仅有 3 户为汉族家庭，其余均为黎族家庭。61 户居民中，2 户为非农业户口，3 户家庭为其他户籍类型，其余均为农业户口。对家庭人口数的统计见表 5-4。统计发现，建档立卡户中有一半以上家庭人口数达到或超过 4 人，非建档立卡户有一半以上家庭人口数达到或超过 5 人。劳动力与贫困关系密切，劳动力多，家庭人口负担少，贫困的可能性小，脱贫的机会大。

表 5-4　打安村家庭人口数

单位：户

家庭人口数	2 人	3 人	4 人	5 人	6 人	7 人	9 人	合计
建档立卡户	1	3	17	4	4	1	1	31
非建档立卡户	1	2	10	5	7	3	2	30

对农户主要社会身份的统计分析结果见表 5-5。调查发现，大多数村民为普通农民身份，调查户中没有从事教师、医生等职业的人员。但非建档立卡户居民为村干部

或其他社会身份的比例为41.29%，明显高于建档立卡户30.21%。由此可以认为，贫困与居民从事职业存在一定的关系。

表5-5 打安村居民社会身份统计

单位：人

主要社会身份	村干部	离退休干部职工	普通农民	其他	合计
建档立卡户	1	0	97	41	139
非建档立卡户	5	2	91	57	155
合计	6	2	188	98	294

对居民的身体健康状况统计见表5-6、表5-7。该村村民身体健康的占到大多数，仅有少部分患有长期慢性病、大病等。建档立卡户患病率相对于非建档立卡户大一些。同时根据体检情况可以了解到，该村有近一半的人在2016年进行过体检，医疗防护意识相对较高。

在对医疗、养老保障调查的问卷中发现，1户家庭所有成员均没有任何医疗保障，其余60户家庭除1户家庭部分人无医疗保障外，其余均拥有新农合医疗保险，由此看出当地新农合医疗保障已基本普及。对于养老保障来说，同样存在1户家庭中所有成员没有任何养老保障，其余家庭中均有成员拥有养老保障。但从个人来看，有一半以上的打安村居民没有养老保障，养老保险的普及率不足50%。从保障类型来看，仅两人为城镇职工基本养老保险，其余均为城乡居民基本养老保险。这种情况与居民户籍类型存在一定的关系。

表5-6　打安村居民身体健康状况

表5-6　打安村居民身体健康状况

单位：人

健康状况	健康	长期慢性病	患有大病	残疾	合计
建档立卡户	114	20	2	3	139
非建档立卡户	129	18	4	3	154
合计	243	38	6	6	293

表5-7　打安村2016年体检情况

单位：人

体检情况	参加体检	未参加体检	合计
建档立卡户	67	71	138
非建档立卡户	62	90	152
合计	129	161	290

　　对打安村居民的劳动能力及自理能力的分析见表5-8。该村劳动力人口较多，拥有劳动能力的占60.2%，但大部分为普通全劳动力，占总人口的50%以上，总体而言劳动技能较为贫乏，仅一人为技能劳动力。在所统计的294人中只有一人无自理能力。由此可以看出，打安村劳动力并不缺乏，但技能劳动力较少，本村需要培养技能劳动力以获得更多家庭收入，提高家庭生活水平。

表5-8　打安村劳动力分析

单位：人

劳动、自理能力	普通全劳动力	技能劳动力	部分丧失劳动能力	无劳动能力但可自理	无自理能力	不适用（学生或16岁以下）	合计
建档立卡户	68	1	14	7	1	48	139
非建档立卡户	83	0	11	11	0	50	155
合计	151	1	25	18	1	98	294

打安村居民住房情况的分析见表 5-9。调查户中，大多数家庭拥有一至两套自有住房，其中还有 1 户家庭拥有三套住房。从住房状况来看，有 14 户家庭自有住房为政府认定的危房，其余住房状况良好。在危房改造项目完成前，部分贫困农户仍居住在 20 世纪修建的瓦房中，房屋面积狭小，灰暗潮湿且缺乏相应的管道设施，生活废水乱排乱放现象普遍存在。

从表 5-10 的住房满意度结果来看，大多数居民对家庭住房满意，61 户家庭中仅有 15 户对自有家庭住房不满意。整体住房满意度较高。从表 5-11 的住房面积情况看，住房面积在 50~100 平方米的家庭最多，100 平方米以上的也不少，但是面积在 50 平方米以下的家庭仍然有 22 户。目前，打安村已经开始进行贫困户危房改造，100 平方米造价约 8 万元（不包括装修等），贫困户可获得政府补贴 6.1 万元，另需贷款 1 万 ~2 万元可完成装修。一般是通过农村信用社进行贷款，限额 2 万元，三年内免息。农户每月约还 100 元利息（农户需先交利息，政府之后再进行补贴）。在扶贫政策下，打安村的住房状况将会逐步好转。

表 5-9　打安村自有住房数量

数量	1 套	2 套	3 套	合计
户数（户）	39	21	1	61

表 5-10　打安村住房满意度情况

满意度	非常满意	比较满意	一般	不太满意	很不满意	合计
户数（户）	12	22	12	9	6	61

表 5-11　打安村住房建筑面积情况

面积 （平方米）	50 以下	50~100	100~200	200 及以上	缺失值	合计
户数（户）	22	24	10	4	1	61

第二节　劳动力与就业

一　生产

在调查的 61 户居民中，45 户家庭有两个劳动力，10 户家庭有一个劳动力，没有劳动力及有 3 个、4 个劳动力的家庭各有 2 户。打安村的劳动力较为充足，80% 以上的家庭存在至少两个劳动力。对家庭主要劳动力 2016 年一年的劳动时间的统计见表 5-12。可以看出，家庭第一第二劳动力全年平均劳动时间分别为 192 天和 166 天，也就是说，大多数劳动力工作时间在半年以上，最高劳动时间全年无休。

表 5-12　打安村主要劳动力劳动时间

劳动时间（天）	平均数	最小值	最大值	观测数（人）
第一劳动力	191.55	0	365	60
第二劳动力	166.02	0	365	45

对劳动时间按照劳动类型进行分类后可以看出：第一劳动力中将全部劳动时间用于自营农业的有 37 人，占一半以上；全部用于本地打零工的有 4 人；1 人为本乡镇内固定工资性就业；1 人在省外打工或自营业；其余则将劳动时间分配给自营农业及其他劳动。第二劳动力中 31 人将全部劳动时间用于自营农业；1 人劳动时间全部用于本地打零工；1 人在省内县外打工或自营业；2 人在省外打工或自营业；其余人则将时间进行两项劳动分配。由此可见，打安村居民大多数将其全部或大部分劳动时间用于自营农业，该村居民的主要生产活动仍以农业生产为主。

二 劳动力就业

表 5-13 是有关村庄劳动力就业情况。可以看出，打安村大多数村民都选择在家务农，外出务工人员仅占村民人口的 16.15%。在外出务工人员中，绝大多数选择在省内务工。村民就近务工是白沙县扶贫举措之一，白沙县政府通过产业帮扶、入股分红的形式，进行组织化生产，做到三个就近：就近务工、就近生产、就近销售。

表 5-13 打安村村民就业状况

单位：人

就业状况	乡镇内务工	乡镇外县内务工	县外省内务工	省外务工	务农或学生	合计
建档立卡户	12	4	3	4	113	136
非建档立卡户	11	2	9	2	131	155
合计	23	6	12	6	244	291

对打安村居民 2016 年全年劳动收入的分析结果见表 5-14。劳动收入均值在 13000 元左右，最小值仅为 1500 元，最大值达到 67200 元。可以看出该村劳动收入差距较大。按照收入来源分析，农业经营收入仍为该村居民收入主要来源，就第一劳动力来看，有 35 户家庭收入全部来源于农业经营收入，6 户收入全部来源于非农业经营收入，2 户收入全部来源于工资性收入，其余家庭收入来源有两种或两种以上，但农业经营性收入占到收入来源的较大比例。

表 5-14 打安村主要劳动收入

劳动收入（元）	平均数	最小值	最大值	观测数（人）
第一劳动力	12836.75	1500	67200	59
第二劳动力	13423.04	1500	67200	42

家庭第一和第二劳动力中，从事农业的分别为 41 和 34 人，分别占观测数的 69.5% 和 81%。可以认为，打安村劳动力主要以自营农业为主，工作时间较灵活。第一劳动力月平均工作时间均值仅 16 天左右，平均日工资 85 元。仅就职于居民服务、修理和其他服务业的 1 人同时拥有医疗、养老、工商、失业、生育险，其余劳动力则只拥有医疗险和养老险，五险一金普及情况较差。2 人出现工资拖欠情况，且只拖欠一个月，并已及时付清。

从以上分析可以了解到，打安村家庭收入主要来源于自营农业，就业行业比较单一，家庭收入偏低。劳动力劳动时间较短，有大量闲暇时间，因此可以鼓励村民在农闲时节学习劳动技能，寻找其他工作以增加家庭收入。

打安村的天然橡胶产业是最大的产业，几乎家家户户都有，同时还拥有种桑养蚕、养蜂、养殖豪猪、种植茶树菇以及水稻、热带水果、竹子、黄花梨等特色产业。政府也鼓励农户林下种植益智、槟榔，以增加农户收入，尽快脱贫致富。受天然橡胶价格低迷、家庭耕地面积有限的影响，部分农户选择外出打工，劳务收入成为当地农民的重要收入来源，留守农村的家庭成员对外出打工家人的收入支出情况并不十分了解，也加大了统计的难度。

政府对于打安村劳动力的技能培训方面比较重视，已经开展了较多的技能培训项目，由乡镇和县级相关单位共同聘请农技专家现场为农户培训授课。同时，海南省委录制脱贫致富电视夜校节目，对贫困户进行技术培训、分享招工信息，每周一晚村委会组织打安村村民进行观看，学习农业政策和技术，相互交流信息。

第三节　生活、健康医疗与安全保障

一　家庭经营

（一）家庭收入

家庭收入调查结果见表5-15。纯收入1万元以下的家庭占 16 户。打安村住户家庭纯收入大部分在 3 万元以下，占到总户数的 72% 以上，总体收入水平较低。

表 5-15　2016 年打安村家庭纯收入

家庭纯收入（元）	1 万以下	1 万~2 万	2 万~3 万	3 万~4 万	4 万及以上	总计
户数（户）	16	18	10	9	8	61

从家庭收入来源看，有 6 户家庭无农业经营收入，其余家庭中农业纯收入占家庭纯收入 40% 以下的有 14 户；41 户家庭农业纯收入占家庭纯收入的 40% 以上，其中 17 户家庭比例达到 90% 以上。可以看出，农业经营收入构成家庭收入的主要来源。61 户居民中有 3 户家庭存在低保金收入，分别占到家庭纯收入的 36.56%、23.65%、24.51%。政府资助对于贫困家庭而言，极其重要。

对居民家庭收入满意度的调查显示，住户认为家庭收入高、对收入非常满意的有 1 户，12 户对家庭收入比较满意，18 户认为家庭收入一般，24 户对家庭收入不太满意，6 户对家庭收入很不满意。有 30 户家庭对现有收入水平不满意。

表 5-16　打安村住户家庭收入满意度

收入满意度	非常满意	比较满意	一般	不太满意	很不满意
户数（户）	1	12	18	24	6

（二）家庭生活消费支出

表 5-17 显示，有 41 户家庭 2016 年全年支出在 2 万元

以下，占农户的绝大比重。根据食品支出占家庭总支出比分类见表 5-18，达到 60% 以上的家庭有 22 户，50%~59% 的家庭有 5 户，50% 以下的家庭有 32 户。教育支出占总支出比重在 40% 以下的有 32 户。虽然义务教育和教育扶贫政策很大程度上解决了贫困农户的子女教育问题，但对于多子女的贫困户来说，子女县城就读初、高中的费用仍然是沉重的家庭负担。

表5-17　2016 年打安村家庭支出

家庭支出（元）	1万以下	1万~2万	2万~3万	3万~4万	4万及以上	合计
户数（户）	20	21	7	7	4	59

表5-18　打安村各项支出占家庭支出比户数

占总支出比重	食品类户数	教育类户数
30% 以下	20	13
30%~40%	9	19
40%~50%	3	5
50%~59%	5	4
60% 以上	22	18

在收支平衡方面，58 户家庭中，有 14 户家庭收不抵支，平均为 18755 元，最多的支出大于收入 64340 元。有 18 户收入大于支出 10000 元，平均为 13784 元，最高的为 72686 元。村民总体收支水平不高。

（三）家庭财产

对家庭耐用消费品以及农业设施拥有数量的调查显示，电视机、洗衣机等家庭耐用消费品普及力度较高。而对于大型汽车以及农机设备，则只有个别家庭拥有，这与大型设备费用较高、家庭自营农业一般不会购买此类设备自用有关。

对家庭借贷情况的调查发现，有 35 户家庭存在至少一笔的家庭贷款，且 90% 以上用于建房。大多数家庭存在借贷情况，主要目的为建房需要。

（四）居民对目前生活状态的满意度

目前，打安村基础设施建设逐渐完善，如健身设施、广场、路灯、路面硬化等都已具备。住户对其居住环境的调查结果显示，对环境满意的住户有 49 户，达到 80% 以上，仅有 6 户家庭对环境不满意。关于村庄污染情况的统计显示，绝大多数农户认为环境没有污染，只有 7 户家庭认为水污染已经影响到自身的生活和健康状况，1 户家庭认为存在空气污染，4 户认为存在噪声污染，认为存在土壤和垃圾污染的各有 2 户。可以看出，打安村总体环境情况优良，居民满意度较高。

居民对目前生活状态的满意度调查结果见表 5-19。调查发现，对生活不满意的只有 13 户，认为不幸福的仅有 12 户。认为目前与 5 年前对比变得更好的占到绝大多数，认为生活变差的仅 5 户，且居民对 5 年后的生活也有较高的预期。只是居民在与本村人和亲朋好友的对比中，自我感觉较差，认为比本村人状况好的只有 9 户，比朋友状况好的只有 8 户。

表 5-19　打安村居民对现状生活满意度

对现在生活状况满意度	非常满意	比较满意	一般	不太满意	很不满意	
户数	5	21	22	10	3	
幸福感程度	非常幸福	比较幸福	一般	不太幸福	很不幸福	
户数	11	21	16	10	2	
与5年前比变化	好很多	好一些	差不多	差一些	差很多	
户数	25	24	7	2	3	
与朋友相比如何	好很多	好一些	差不多	差一些	差很多	
户数	0	8	25	19	9	
与本村人比如何	好很多	好一些	差不多	差一些	差很多	
户数	0	9	18	23	11	
对5年后预期变化	好很多	好一些	差不多	差一些	差很多	不好说
户数	22	32	3	1	0	2

二　健康与医疗

统计发现，家中无患病人员的有 26 户，有一位患病人员的有 20 户，存在 2 位患病人员的家庭有 11 户，有 4 户家庭存在 3 位患病人员。在患病人员中有 6 位同时患有至少两种疾病。疾病类型方面，患有高血压、糖尿病以及风湿病等慢性病患病率要高于其他疾病。对疾病严重程度调查结果显示，22 人疾病较为严重，占到所有患病人数的 40.7%。

对于在 2016 年内发病治疗情况的调查结果显示，发病需要治疗的有 42 人，没有进行治疗的有 15 人。不治疗的原因中，经济困难而不进行治疗的占到大多数，为 9 人，不重视的仅 1 人，其他原因 4 人，1 人未作答。疾病是致贫的重要原因，贫困家庭因为贫困而无法及时治疗疾病。

对居民在 2016 年的医疗费用进行统计发现，所有治疗人员的年均治疗费用为 8132.20 元。32 人中有 23 人报销比例达到 100%，其他人报销情况见表 5-20。可见，打安村医疗保障体系较为健全。对儿童接受计划免疫情况的调查显示，该村居民家中有 7 岁以下儿童的全部接受了计划免疫，儿童防疫工作比较到位。

表 5-20　打安村报销比例统计

报销费用占总 医疗支出比	10% 以下	10%~30%	30%~70%	70%~100%
人数（人）	1	3	5	23

疾病对日常行动能力以及生活影响的调查结果见表 5-21、5-22，统计显示，大多数病人并未因为疾病而严重影响到个人生活，仅有少数人的疾病对行走能力以及日常工作学习造成了严重影响。疾病所产生的疼痛感有 12 人认为比较严重，一半以上的人因为疾病使其感受到焦虑和压抑，但程度相对较弱。

表 5-21　打安村病人日常活动情况

单位：人

人数	没问题	有点问题	有些问题	有严重问题	不能
现在行走方面有问题吗	36	11	3	1	0
在洗漱或穿衣等方面是否可以照顾自己	49	2	0	0	0
日常活动（工作、学习、家务、休闲等活动）有问题吗	29	15	5	2	0

表 5-22 打安村病人对身体的自我感觉情况

单位：人

自我感觉	没有	有一点	有一些	挺严重	非常严重
身体是否有疼痛或不适	5	16	18	11	1
是否感到焦虑或压抑	21	14	15	0	0

三 安全保障

就"五险一金"普及情况来看，大部分劳动力都拥有医疗以及养老保险，但工伤、失业、生育险仅有2人拥有，劳动力中没有拥有住房公积金的。可见，打安村村民的"五险一金"普及情况较差，这与大多数劳动者为农民而无其他职业有关。以所调查的家庭第一劳动力为例，仅就职于居民服务、修理和其他服务业的，拥有医疗、养老、工商、失业、生育险。

从以上对打安村劳动力就业情况的分析可以了解到：打安村的家庭收入主要来自于家庭自营农业，在其他行业就业的人员数量偏少，就业行业比较单一；家庭自营收入主要来源于农业收入，平均收入水平偏低；劳动力劳动时间较短，时间可以自由分配，有大量闲暇时间；农村医疗养老保险相对来说比较普遍。因此，在劳动者就业方面，政府可以鼓励村民学习更多的劳动技能，增强自身就业能力，以便在农业以外寻找到其他工作，从而增加家庭收入，尽快实现脱贫致富。

第四节　子女教育、政治参与和社会联系

一　受教育情况

2017 年 8 月初，经各自然村组长所做的新一轮常住人口统计显示：打安村在校学生 265 人，其中男生 139 人，女生 126 人，男生人数占在校人数的 52.5%。由于 3~18 岁是大多数学生接受教育的时间段，因此对子女教育的分析需对打安村住户家庭中年满 3~18 周岁子女人数进行统计，结果见表 5-23。在大多数家庭中，一般有两个 3~18 岁子女。以下即针对子女在这一年龄段的 46 户家庭进行子女教育与发展情况的调查分析。

表 5-23　打安村家庭子女人数

家庭中 3~18 周岁子女人数（人）	0	1	2	3
户数（户）	15	14	26	6

对打安村 46 户家庭的 84 位子女进行教育方面的调查显示，72 人与父母生活在一起，3 人与父亲生活，5 人与（外）祖父母一起生活，4 人住校。可以看出，在打安村中出现的留守儿童较少，绝大多数都与父母共同生活。

对就学状态统计见表 5-24。打安村家庭中子女普遍进入中小学学习阶段，在中等职业学校学习的仅 2 人，未上学的 1 人（为 2014 年 2 月出生，在本次调查时间内还未

到入学年龄）。因此，打安村 2017 年上半年 3~18 岁家庭子女均得到了相应的学校教育。据统计，近 92% 的学生在乡镇或县城就学，且为公办学校。由此可以了解到，该村居民对子女教育比较重视，都尽量使子女接受到良好的教育。但从第一书记访谈中得知，本村在机关事业单位工作的人很少，考取大学的人数也很少。

表 5-24　2017 年上半年打安村就学状态

就学状态	幼儿园	中小学	中等职业学校	未上学
人数（人）	17	64	2	1

二　子女教育支出及满意度

对学校条件及子女学习满意度调查结果见表 5-25。可以看出，家中对于子女所在学校的条件满意度较高，认为条件差的仅 2 人。对子女学习情况满意度也较高，不太满意的仅 25%。就上学路程所需时间来看，除 20 人住校外，15 分钟以下的有 44 人，占到总数一半以上，一小时及以上的仅 7 人，学生上学相对来说较方便，不需在路上花费较多时间。

表 5-25　打安村对学校及学习满意度调查结果

学校条件情况	非常好	比较好	一般	比较差	非常差
人数	22	36	22	1	1
对学习情况满意度	非常满意	比较满意	一般	不太满意	非常不满意
人数	11	24	24	20	0
上学路程所需时间	住校	15 分钟以下	15~30 分钟	30~60 分钟	1 小时及以上
人数	20	44	8	3	7

家庭对每个子女在教育上的花费情况见表 5-26。2016
年每个学生平均教育花费为 2457.17 元，3000 元以上的达到
36 人。居民对子女教育问题比较重视，则花费也相对较多。
其中 2 位在 2005 年之后出生的小学生 2016 全年教育花费为
0，这可能与义务教育阶段免收学杂费有关。3 位年教育花费
在 1 万元以上，其中 2 位为高中生，一位为幼儿园学生。年
均花费在 3000 元以下的共 47 人，其中 41 人就读初中、小学。
可以看出，义务教育阶段学生在教育上的花费较低。

表 5-26　2016 年打安村全年教育花费

花费（元）	1000 以下	1000~3000	3000~4000	4000~5000	5000 及以上
人数（人）	37	10	12	14	10

三　子女教育帮扶

关于学生获得的教育补助，调查结果显示，在调查的
84 位家庭子女中共有 40 人获得过教育补助，其中 82.5%
的学生获得的教育补助在 3000~5000 元之间，已超过该地
区平均年教育花费。没有人获得教育捐款。

调查显示，打安村所有适龄学生均进入学校学习，并
未出现失学辍学情况。关于学生毕业后的去向问题，受访
家长表示尚不明确，他们还没有对此进行过规划。

整体来看，打安村居民对于子女的教育问题比较重
视，地区教育设施体系也较为完善。发展地区教育，提高
下一代自身素质是促进地区经济发展的重要推动力，政府

应该继续大力扶植教育产业，完善教育体制，促进地区教育水平进一步提高。

四 政治参与和社会联系

打安村村民政治参与程度相对较高，亲戚间社会联系紧密，但村民文娱活动组织少。受访者中，有 11 名党员，占 18%，其中 9 名非贫困户，2 名贫困户。61 户被访人员中，42 人表示家里人都参加了最近一次村委会投票，10 人表示仅自己参加了投票，3 人是家里其他人参加投票，即 55 户受访家庭参加了村委会投票，占 90.2%。5 户表示家里人都没有参加最近一次村委会投票，1 户表示不知道。2016 年的村委会会议参与度，有 52 人表示自己或家人参加了村委会会议，占 85.2%，8 人表示家里没有人参加村委会会议。2016 年的村民小组会议，家里有人参加的为 51 户，占 83.6%，仅 7 人表示家里没有人参加村民小组召开的会议。另外，有 13 人表示自己或家人参加了最近一次乡镇人大代表投票。整体上，打安村村民参与村级会议的积极性较高。

在亲戚、邻居之间的社会联系方面也较紧密，93.4%的农户会在临时有事的情况下首先找直系亲属、亲戚或邻居等帮忙。在社会组织方面，有 32 位受访者知道村里有合作社组织，其中 14 人参加了合作社组织。打安村村民文化娱乐与兴趣组织力度不够，有 16 人反馈村里有文化娱乐设施或兴趣组织，仅 12 人参与了这些娱乐活动或兴趣组织，占 19.7%。

第六章

样本贫困户的贫困与扶贫

第一节　贫困状况与特征

　　打安村贫困户统计有 65 户。2017 年 4 月底，课题组随机选择 31 户作为问卷调查对象，其中女性户主有 6 名，男性户主 25 名。我国农村地区多见以男性作为家庭户主，少有以女性为户主。对比该村的非贫困户样本，女性户主仅为 1 户，可见女性作为户主可能与贫困有一定联系。调查发现，贫困户的婚姻状况中，离异有 2 户，丧偶有 2 户，未婚有 1 户，在以上情形下的家庭劳动力数量显然较少。这部分解释了家庭户主为女性且遭受贫困的原因。综合调查结果，打安村贫困户具备以下主要特征。

一 受访贫困户的户主文化程度不高

根据舒尔茨的人力资本理论，经济发展取决于劳动力的质量，而不是自然资源条件的贫瘠与否。如果农村地区人力资本条件差，有再好的资源也难以实现农业有效率地发展。教育和健康是人力资本的两个主要方面。调查结果显示，一半以上的贫困户户主为小学文化程度，高中教育程度的仅占3%（见图6-1）。通常情况下，家庭户主是农业生产的主要决策者，户主所受的教育水平往往会影响家庭生计决策，进而影响家庭生活水平。户主较低的文化程度可能是引发家庭贫困的重要原因之一。

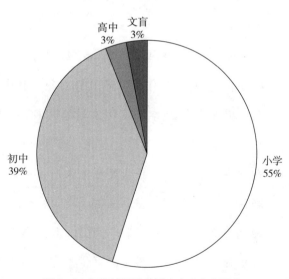

图6-1 打安村受访贫困户户主文化程度

二 贫困家庭人口的健康状况不容乐观

首先是户主健康问题。贫困户有 6 名户主长期患有慢性病，另有 1 名户主患有重大疾病，无劳动能力但可以生活自理的户主有 2 户，部分丧失劳动能力的有 6 户。户主健康状况直接影响劳动力质量和家庭收入水平。其次是家庭成员健康问题。家庭成员患病的有 18 户，且很多是难以治愈或对劳动力造成永久损害的疾病，包括慢性肺结核、乳腺癌、脑肿瘤、甲亢肿瘤、风湿致手残疾、精神疾病等。在与健康状况对应的医疗保障方面，贫困户新农合医疗保障参保率达到 100%，且大多参加城乡居民基本养老保险，未参加的仅 5 户。商业保险在我国农村地区认可度普遍较低，打安村贫困户无人购买商业保险。新农合医疗保障能缓解农村居民的医疗支出压力，但对于贫困户来说，家庭成员的严重疾病仍然会产生巨额的治疗费用，不仅损害人力资本水平，且产生负债，严重降低贫困户生活质量。

三 居住条件较差，部分存在饮水困难

适宜的居住条件是保障人力资本持续发挥效力的基础。打安村贫困户的住房条件相对较差，这也是当地政府力推危房改造扶贫项目的原因。在接受调查的 31 户贫困户中，政府认定住房为危房的有 14 户，占 45%。有 27 户贫困户没有类似电热水器或太阳能等基本沐浴设施。居住

地附近的道路设施较完善，贫困户居住地距离硬化公路的平均距离为 35.5 米，最远也只有 500 米。但是这些贫困户的供水存在一定困难，管道供水入户仅 8 户，家庭住户需要到公共取水点获得水资源的有 3 户，其余 20 户没有获得管道设施供水服务，占 65%。调查显示，16% 的贫困户单次取水往返时间超过半小时，另外，存在间断或定时供水情况的和 2017 年连续缺水超过 15 天的也各占贫困户的16%。

四　以橡胶林地为主，有效灌溉可耕地较少，劳动力利用率不高

打安村贫困户户均有效灌溉耕地面积为 2.14 亩，但有 25.8% 的贫困户完全没有有效灌溉耕地，贫困家庭拥有旱地的也不多，受访者中有 7 户贫困家庭有旱地，总计 22.85 亩。林地较多，白沙县是海南省重要的橡胶种植地和生态保护区，基本每户家庭都拥有林地（2 户例外），主要种植橡胶树，31 个受访贫困户的总林地面积达到 478.19 亩，户均 15.43 亩。农业抵御台风等自然灾害能力较弱，打安村受访贫困家庭中，有 35.48% 的农户在 2016 年的农业生产中遭受过自然灾害，损失总额 25444 元。同时，2016 年打安村遇到农产品价格下跌难卖问题的贫困户占 41.94%。打安村贫困户闲暇时间多，劳动力利用率不高。受访贫困户中，表示"平常多数时间很忙"的占 22.58%，"有点忙"的占 12.9%，其余贫困户则表示"不忙"或"正

常"。但是，贫困户外出务工不多，有外出务工经历的 10户，且以乡镇内务工为主，占 60%。在闲暇时间，贫困户主要看电视、做家务、照顾小孩或什么也不做。

五 政治参与度较高，社会联系较紧密

打安村贫困户的政治参与度较高，有 87.1% 的贫困家庭参加了最近一次的村委会投票，2016 年参加村委会会议和参加村民小组会议的贫困家庭达到了 80.65%，并且有12.9% 的贫困家庭参加了最近一次乡镇人大代表的投票选举活动。在社会联系方面，打安村贫困户对婚姻状况满意程度比较高，仅 3 户家庭表示"不太满意"。调查结果显示，贫困家庭夫妻之间信任度较高，遇到大事基本会通过夫妻双方商量决策。贫困户临时有事或急需借钱时一般会找直系亲属帮忙，这一比例达到了 64.52%。总体来说，打安村贫困家庭的内部关系和社会联系较为紧密。

六 家庭支出占收入比例较高，生活满意度不高

2016 年，贫困户家庭年收入平均为 23204.97 元（包括非农收入、补贴救济等），户均家庭生活消费支出为11705.16 元，占收入的 50.44%。生活状态满意程度调查显示，尽管 83.87% 的贫困户认为自己家庭生活状况比5 年前要"好很多"或"好一些"，但是仍有 25.81% 的贫困户对当前的生活状况表示"不太满意"或"很不满

意"，在同村村民的横向比较中，58.06% 的贫困户认为其生活比本村多数人过得"差一些"或"差很多"。同时，认为比多数亲朋好友过得"差一些"或"差很多"的贫困户也占到了 51.61%。然而，93.55% 的贫困户对未来生活充满期待，认为将会在 5 年以后生活"好很多"或"好一些"。

第二节　贫困户致贫原因

抽样访问的 31 户贫困家庭中，2014 年起就是建档立卡户的有 23 户，占 74.19%。2017 年初，有 1 户建档立卡户已经脱贫。在认定脱贫时，乡村干部到该贫困户家里进行过调查，通过签字、盖章认定脱贫，并在村集体进行公示，程序合理规范，该农户对脱贫结果表示满意。贫困户调查结果显示，70.97% 的贫困户计划在 2017 年内脱贫。11 月 16 日，打安村公示了 54 户 229 人脱贫（见图 6-2）。

从贫困户的反馈结果来看，目前打安村农户家庭贫困的主要原因是资金缺乏、疾病残疾、缺少土地和技术等资源（见图 6-3）。劳动力作为农业生产的基本投入，是不可或缺的主导性资源。贫困户家庭成员的疾病和残疾意味着劳动力质量遭受不同程度的损害，家庭从事劳动生产的能力受到严重影响。不仅如此，在农村居民医疗保障尚未

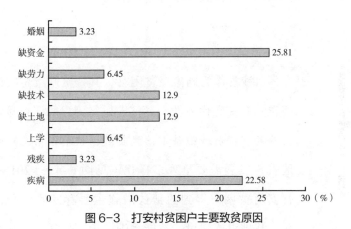

图6-2　2017年打安村贫困户退出名单公示

（潘劲拍摄，2017年12月）

图6-3　打安村贫困户主要致贫原因

健全的背景下，家庭成员病情较严重或慢性疾病将为家庭支出带来沉重负担。这往往是农户贫困的首要原因。尽管贫困户表示"缺资金"的比例占到了1/4，但是需要谨慎对待这个问题，即究竟是由于贫困导致缺资金，还是由于缺资金导致贫困。如果贫困家庭有很好的资源条件和资金投入计划，那么，这种情形下的"缺资金"可能是导致贫困的原因。根据调查结果，贫困户表示缺土地和缺技术的比例均达到12.9%。白沙县划定了橡胶种植和生态保护的固定区域，有些贫困户的可耕土地比较少，又不能随意将林地转换成耕地，缺土地成为这部分农户贫困的原因。另外，由于打安村这些农户文化水平不高，农业生产技术老化，缺技术成为导致农户贫困的另一重要因素。

第三节　扶贫政策落实情况

白沙县作为国家级贫困县，其扶贫政策落实情况在海南省具有一定代表性。对打安村贫困户的调查显示，打安村的各项扶贫政策基本落到实处，扶贫项目的实施根据当地农户发展需要呈现多样化（见图6-4）。2015年以来，打安村贫困户得到的帮扶措施主要有发展生产、劳动就业、基础设施建设、技能培训、小额信贷、公共服务和社会事业（教育、医疗、低保）等。

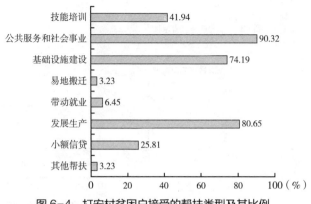

图6-4　打安村贫困户接受的帮扶类型及其比例

一　技能培训落实情况

打安村针对贫困户的技能培训主要包括以下几类：农村实用技能培训、劳动力转移就业培训、新成长劳动力职业教育培训、其他培训，各类培训参与比例见图6-5。其中，其他培训在打安村贫困户培训中所占比例达到35.48%，培训内容和方式主要是贫困户参加夜校学习视频种植养殖培训，或对贫困户进行农机维修、水电安装技术培训，或对贫困户进行思想帮扶等。在培训时间上，这些培训主要为短期培训，即6~100天不等。调查显示，接受技能培训的13户贫困户中，仍有8人未能实现稳定就业，另有3人培训尚未结业。由于技能培训时间短，且大多数农户都是在2016年或2017年接受培训，培训完成后需要时间寻找合适岗位，因此，是否能实现技能培训后的稳定就业或促进种养业发展需要后期进一步考察。

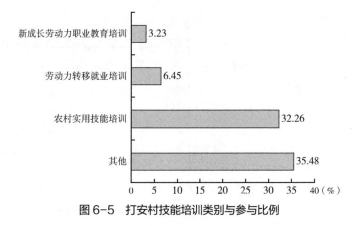

图6-5　打安村技能培训类别与参与比例

打安村针对贫困户的其他培训主要包括以下类型。

（一）电视夜校培训

海南省委录制脱贫致富电视夜校节目，对贫困户进行扶智、扶志，培训主要有六大宗旨（找工作、找销路、学技术、学政策、找媳妇等），每周一晚八点播出。届时，打安村村委会会组织贫困户观看，学习农业政策和技术，并进行讨论。

（二）种养技术培训

以种桑养蚕技术为例，打安村组织党员代表及群众代表实地考察后提供技术培训。2017年6月，打安村为贫困户培训编织蚕架，50多名贫困家庭妇女参加培训。组织20多位村民到琼中考察（包括贫困户约10人），考察回来通过电视夜校等培训，实现全村编织，由安定种养合作社回收，以每张5元的价格收购（成本约1元），每人每天编织约20张，每天约有100元收入。

图6-6　贫困家庭妇女蚕架编织技术班培训人员合影

（打安镇谢婉秋提供，2017年6月）

（三）电商和农机维修培训

淘宝电商扶贫是白沙县扶贫的一个亮点。2017年，打安村与白沙电商办举办村淘培训班，鼓励农户种植特色产品，通过注册网店进行销售，其中年轻人接受速度比较快。此外，打安村还开展关于农机维修的农业技术培训，县农机服务中心的工作人员到农村现场教授村民小型农机维修（例如马达维修）。

二　发展生产落实情况

帮助贫困户发展生产是打安村扶贫措施的重要方式。调查结果显示，自2015年以来，共计有45.16%的贫困户曾接受过种植业方面的帮扶，包括多种适宜当地种植的特色产业带动帮扶，如种植菠萝蜜、槟榔、橡胶、益智、荔枝、蘑菇、蔬菜等；67.74%的贫困户曾接受过养殖业方面的帮助，主要是一般农户家庭较为常见的家庭养殖如养猪、养鸡，以及打安村近年来推行的特色养殖产业如养蚕、养蜂等；在林果业方面，2015年以来接受帮扶带动的贫困户不多，占3.23%。该地区的苗圃、园艺花卉类的种植较为少见，橡胶、热带水果类的发展生产帮扶见前文所述的种植业生产帮扶。

在发展生产的扶持方式上，打安村主要实施了针对贫困户的产业化带动方式，29.03%的贫困户接受了产业化带动，并有32.26%的贫困户收到了政府免费发放的种苗、猪苗等，旨在以具体的基于家庭养殖种植方式推动贫困户自身脱贫。打安村贫困户受到资金扶持和技术支持的农户分别为19.35%和12.9%，这从一定程度上能够缓解贫困户发展生产遇到的困难。

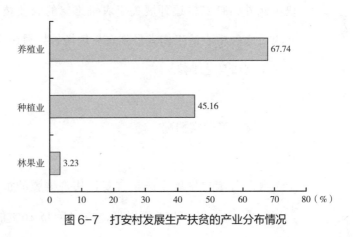

图6-7 打安村发展生产扶贫的产业分布情况

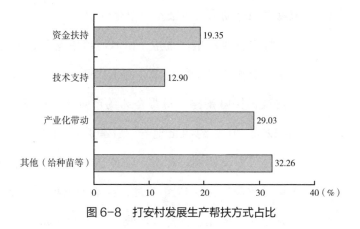

图6-8 打安村发展生产帮扶方式占比

橡胶产业是打安村的主导产业，村民家家户户都种植有橡胶。在此基础上，打安村在2017年重点发展了种桑养蚕、养蜂、豪猪养殖、茶树菇种植四种特色产业。

（一）种桑养蚕产业

发展种桑养蚕是打安村推行的"一村一品"项目。在打安镇党委政府的统筹下，打安镇各村根据地质特点，形成了"一村一品"项目。打安村两委班子在多次带队到琼中、昌江、儋州等地考察后，认为打安村土质气候适合发展种桑养蚕项目，于是决定进行推广。2017年5月，打安村建设40多亩示范基地（不涉及贫困户），由各村队长带头示范，1个队长带8个女性村民进行经营管理。

种桑养蚕所利用的土地是打安村的边角地或荒地，通过专业合作社进行土地流转，再发包给有种植意愿的农户。经土地整合，种桑养蚕项目共有3个较大的集中地。打安村计划2017年底扩展到200亩（涉及贫困及非贫困户共几十户），全镇扩展到400多亩，由贫困户自己种植，家庭老弱劳动力负责喂蚕及卫生管理。

打安村村民生产蚕茧，由海南琼中丝绸有限公司提供技术，公司在打安村有派驻的工作站，负责技术指导、回收蚕茧，保障销路。每张蚕床约产蚕茧 90~120 斤，均价 20~22 元 / 斤。约四亩地养一张蚕床，每批约产四五张，每个月可以卖两到三批蚕。除冬季两三个月之外，其他时间均可收桑叶。2017 年 8 月，种桑养蚕项目开始见效益，净收益 3 万多元，并持续增收。农户看到成效，纷纷要求加入，附近村村民也申请加入。

（二）养蜂产业

养蜂产业是打安村养蜂能人带动的产业。村民张德志是打安村的养蜂大户，党员带头人，监督委员会成员。2014 年，打安村为了扩大养蜂规模，由养蜂能手张德志牵头，成立白沙海通蜜蜂养殖专业合作社。合作社主要作用是销售和培训，各地政府也会邀请去当地进行培训，支付一定的误工费。培训方式是现场培训、指导，通过演示等方式教授。

2017 年，合作社帮扶打安村 9 户贫困户养蜂（都是黎族），其中 2 户各有 15 箱，7 户各有 10 箱，共计 100 箱，由县扶贫办产业扶贫资金提供支持，贫困户以蜂箱入股，年底根据协议分红。合作社成员也有自己蜂箱，每户 10~80 箱不等，社员经常一起交流养殖经验和技术。但合作社成员之间没有经济交往，蜂产品各自销售。养蜂户基本都有固定客源，也有个人淘宝商店或微店，蜂蜜以批发为主，零售较少，少量在微店、京东进行销售。养蜂户在销售出现困难时，政府会提供扶持。

养蜂能手张德志认为，养蜂产业可以扩大规模，主要看贫困户有没有意愿。打安村位于山区，蜜源很丰富，适宜发展该产业。同时，扩大规模可能带来销路问题，因为蜂蜜销售目前是熟人生意，要扩大规模必须建立更宽的销售渠道。

（三）豪猪养殖产业

豪猪养殖在打安村也是能人带动型产业，由村民杨贺顺带动养殖。养殖厂房建设有 800 平方米，目前养了 335 头，养殖能力在 1000 头。2017 年 6 月，正式成立白沙业殊豪猪养殖专业合作社。豪猪合作社共 7 名社员，合作社没有政府资金扶持，但在广告宣传方面政府会提供帮助。豪猪由合作社集中养殖，社员按入股比例分配。

2017 年 7 月，合作社与贫困户签订一年期合同，合同约定按 12.5% 的固定利润分红，遇到自然灾害时除外。打安镇有 32 户贫困户加入该合作社，其中打安村有 4 户贫困户加入（养殖豪猪有技术要求，一部分先加入）。贫困户通过扶贫产业基金入股，由杨贺顺提供场地和技术。豪猪品种从广东引进，销售渠道主要是酒店。

（四）茶树菇种植产业

县里成立白沙众民食用菌专业合作社，茶树菇种植采取"龙头企业＋合作社＋农户"模式。打安村 65 户贫困户全部参与，种植区厂房占地两亩。县里还另有一村种植茶树菇，两村共种植 20 万袋，产品由同一家企业收购。贫困户以产业扶贫资金入股，根据产业收入情况进行分红。产业盈利额分配给合作社 10%（5% 归村集体，5% 归合作社理事会），作为日常管理费用，剩余 90% 分给农户，以分红的形式发放。

2017 年 5 月，打安村开始种植茶树菇，8 月采菇，可连续采摘 6 个月。每个菌包以 6 元的价格买入，6.93 元的价格卖出，每个菌包的净利润为 0.93 元。同时，贫困户可以参与采摘，采菇劳务费公司另付。贫困户一旦入股，3 年（合同期限）不得撤出，以保障产业持续发展。

三　带动外出就业落实情况

打安村带动贫困户外出就业的情况较少，抽样调查中仅有 1 例贫困户受到带动就业的帮扶，2016 年开始以固定工作方式在本乡镇成功就业，全年工作收入 14400 元。

四　基础设施建设落实情况

打安村的基础设施相对较好，如道路硬化方面，村民居住点附近不远处便有硬化道路，交通比较方便，近来有 6.45% 的贫困户受到了硬化道路入户的措施帮扶。打安村主要针对贫困户进行了危房改造的帮助措施，出资帮助贫困户建设新房，受此帮扶的贫困户达到 70.97%。当然，在水电设施方面，打安村贫困户也需要进一步帮助，目前接受蓄水

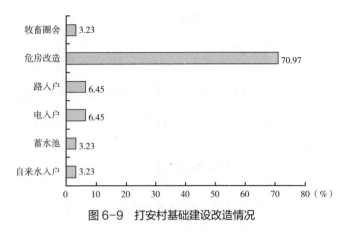

图 6-9　打安村基础建设改造情况

池建设帮扶和自来水入户的贫困户均为 3.23%，电入户的占 6.45%。另外，贫困户接受牧畜圈舍建设帮扶的占 3.23%。

五　公共服务落实情况

（一）教育补助

白沙县贫困户子女教育的帮扶补助标准为：幼儿园 2500 元 /（人·年），小学 3400 元 /（人·年），初中 3500 元 /（人·年），高中 4500 元 /（人·年）。2016 年，打安村 31 户贫困户共领取 15.19 万元，户均 4900 元，累计领取金额 15.36 万元。

（二）疾病救助

从农户反馈来看，打安村贫困户受到的疾病救助没有固定的补助标准，贫困户发生疾病的情况各有不同，疾病救助是根据贫困家庭成员疾病的具体情况实施的。2016 年，31 户贫困家庭共领取救助金额 27750 元，户均 895.16 元。

（三）灾害救助

打安村贫困户受到的灾害救助没有固定的补助标准，灾害的发生具有偶然性。打安村贫困户接受的灾害救助不多，2016年，仅有 2 户贫困户得到灾害救助，分别领取了 250 元、150 元。

（四）低保和五保户补助

在打安村接受调查的农户中，贫困户有 1 户获得低保补助，补助标准为每月每人 280 元。2016 年，该农户共获得低保补助 3360 元；有 1 户获得五保户补助，补助标准为每月每人 350 元。2016 年，该农户累计领取 4200 元。

（五）其他

在打安村，危房改造补贴、生态补贴、各项农业补贴等是实施贫困户补贴的主要内容，总金额达到 37.12 万元，

图 6-10　一位贫困户新房客厅

（何昱辛拍摄，2017 年 4 月）

户均 11976.29 元。其中，危房改造补贴的标准为每户 6.1 万元，占据各项补贴的主要份额。危房改造项目正在打安村有序开展，居住房屋评级达到危房级别的贫困户将受到房屋改造项目的直接补贴，用于重建和改善贫困户的居所，满足贫困户的基本生活需要。

六 驻村扶贫队伍落实情况

2015 年 9 月，打安村派驻了第一书记，时年 48 岁，具有大专学历，来自县级单位的党政机关。2017 年 3 月，因为身体原因，不再担任。后安排打安镇组织委员管琼林接任。到 2017 年 4 月调查的前半年，第一书记在村工作和居住约有 120 天，月平均 20 天（含因公出差）。截至 2017 年 4 月调查时，第一书记作为帮扶责任人联系 16 户贫困户，到过贫困户家里的数量为 65 户，覆盖打安村所有的贫困家庭。第一书记所做的工作包括重新识别贫困户、诊断导致贫困的原因、帮助贫困户制定脱贫计划、帮助落实帮扶措施、参与脱贫考核、接待处理群众上访等。

2015 年 12 月，县里开始派驻打安村扶贫工作队，共有 6 名成员，主要来自县级单位和乡镇政府，由第一书记担任工作队队长。最近半年，工作队员平均在村工作时间约 80 天，在村里平均住 90 天，乡镇平均住 60 天。工作队员作为帮扶责任人要联系所有贫困户，且均到过这些贫困户的家里。工作队员的工作与第一书记所做工作类似，包括重新识别贫困户、诊断导致贫困的原因、引进资金、

图 6-11　打安村村中的宣传标语

（何昱辛拍摄，2017 年 4 月）

引进项目、帮助贫困户制定脱贫计划、帮助落实帮扶措施、参与脱贫考核、接待处理群众上访等。

第四节　扶贫效果评价

综合调查结果可以看出，打安村贫困户对扶贫措施的满意度以及效果评价较高，打安村村两委对第一书记和扶贫工作队的扶贫工作评价较高。

一　贫困户选择、扶贫项目较合理

首先，打安村贫困户选择较为合理。认为贫困户选择"比较合理"、"非常合理"的均占 41.94%，合计有83.88% 的受访户认为本村贫困户的选择较为合理，认为选择"不太合理"的农户仅占 6.45%。但需注意，回答该问题的受访户自身均是贫困家庭，是贫困帮扶政策的受益者，这可能导致受访者在该问题回答上的偏误。

其次，打安村扶贫项目安排较为合理。认为本村的扶贫项目安排"比较合理"、"非常合理"的贫困户比例分别为 41.94%、45.16%，合计有 87.1% 的贫困户认为打安村的扶贫项目安排合理。具体到贫困家庭每户的扶贫措施上，贫困户认为为本户安排的扶贫措施"比较合适"和"非常合适"的比例分别为 19.35%、48.39%，表明贫困户对扶贫措施的实施满意度较高，但不可忽视仍有 32.26% 的贫困户表示为其安排的扶贫措施"一般"或"说不清楚"。

二 扶贫效果突出

贫困户对打安村扶贫效果整体评价较好。截至调查时，认为本村扶贫项目效果"比较好"和"非常好"的分别占 16.13%、45.16%，合计有 61.29% 的贫困户对本村实施的扶贫措施持正面评价。具体到贫困家庭每户的扶贫效果上，22.58% 的贫困户认为针对其实施的扶贫措施效果"比较好"，38.71% 的贫困户认为针对其实施的扶贫措施效果"非常好"。

在扶贫措施实施的满意度方面，贫困户总体满意度较高。打安村贫困户对"发展生产"扶贫项目表示"比较满意"或"非常满意"的占参加此项目农户[①]的57.14%,表示"一般"的贫困户38.1%,"不太满意"占4.76%。在打安村受访贫困户中,有1户接受了"带动就业"的帮扶措施,实现了稳定就业,该农户对此表示"非常满意"。在基础设施建设的帮扶措施方面,贫困户表示"比较满意"或"非常满意"的占67.74%,仅3.23%的贫困户表示"不满意"。

2017年12月,调研组针对打安村扶贫效果问题进行了年底回访,打安村整体脱贫效果突出。2017年,打安村有51户贫困户脱贫,共计222人,实现了"两不愁三保障",即吃穿不愁,享有基本医疗、义务教育、住房安全保障。此外,贫困家庭子女的义务教育帮扶扩展到幼儿园、高中、大学。在白沙县扶贫指挥部指导下,打安村贫困户做到三个"就近"——就近务工、就近生产、就近销售,通过加入专业合作社,形成可持续发展的产业,让贫困户获得实质性收入。2017年未脱贫的14户,部分是低保户(老弱病残,缺少劳动力),需要社会保障兜底,或者因为农村当地风俗,不选择盖房,因此无法保障住房安全,不符合脱贫标准。

贫困农户皆流露出对国家和政府强烈的感激之情,其中村民最为称赞的是危房改造政策,有村民望着正在建造的新房对调研员说:"有了房子就什么也不怕了!"房子是贫困农户最为关切的问题,许多农户甚至拼尽一生就是为

[①] 并非所有贫困户都参加了各项具体的帮扶措施。以打安村"发展生产"项目为例,受访贫困户中只有21户接受了该项目的帮扶。

了能有一座体面的房子，有了新房农户心里就有了底。在问及教育和医疗问题时，调查员发现政府针对贫困农户的教育补贴完全可以弥补他们的子女教育开支。患大病的农户也从医疗扶贫政策中受益，他们可以报销 65%~80% 不等的住院费用。

三　第一书记、扶贫工作队工作表现优秀

2016 年，打安村村两委对第一书记的考核结果等级为"优秀"，村两委对第一书记工作满意程度为"非常满意"，表明第一书记的扶贫工作得到了村两委的高度认可。2016年，村两委对工作队员的考核不存在不称职的情况，村两委对工作队员的工作满意程度较高。以上反馈表明，第一书记和扶贫工作队的制度实施在打安村是受欢迎的，有必要继续做下去。海南美亚公司在年度定点扶贫考核中评定为 B。

四　打安村扶贫可能存在的问题

总体上看，打安村扶贫政策能落到实处，扶贫效果得到村民认同，但也存在隐忧。打安村扶贫工作可能存在的问题如下。

（一）技能培训难有实效，带动就业不明显

打安村对贫困户的技能培训主要为农村实用技能培训

和夜校视频种植养殖培训等，技能培训缺乏真实场景的互动。贫困户的具体情况各不相同，而在实际操作过程中，对贫困户的培训需求调研不足，培训内容针对性不强，容易造成"走马观花"，技能培训难有实效。从目前结果看，通过培训或帮扶带动就业或家庭产业发展的效果不明显。

（二）耕地、资金紧张，产业示范带动可能受阻

打安村橡胶林地资源丰沛，但由于政策原因，林地用途不能随意变更。打安村户均耕地资源紧张，且坡地多，部分贫困户表示因为缺土地才导致家庭贫困。打安村示范推行的种桑养蚕、豪猪养殖等产业项目，对土地、资金的要求较高，不靠政府扶持，普通贫困户难以效仿类似项目，由此对其他村民的产业带动效应也会打折扣。

（三）危房改造项目致使贫困户负债现象普遍

危房改造是打安村涉及扶贫资金较多的项目，受到危房改造项目扶持的贫困户可以得到约 6.1 万元的房屋改造补贴。但是，调查中发现，贫困户重建房舍所需资金往往超过补贴，根据房屋面积不同，估计重建改造的成本（包括装修）在 8 万~15 万元。由此，很多原本就是贫困户的家庭不得不从亲友或银行借款，背负债务，帮扶措施反过来给贫困户带来更多的经济压力。因此，有必要对打安村危房改造项目的实施进行规范，即限定贫困户危房房屋改造的总成本，避免村民间攀比盖楼造成的过度改造。

（四）扶贫可能引起新的"不平衡"和"逆向选择"
问题

调研组观察到，贫困户对于调研的配合度远高于非贫困户，在打安村入户问卷调查过程中，部分非贫困户对扶贫政策存在负面情绪。生活在贫困标准线上下的村民，在贫困程度上没有实质差异，但标准线以下就可以享受贫困户政策，标准线以上就是非贫困户。贫困户享受的各种政策利好，会引起非贫困户的"不平衡"心理，容易引发不满情绪，成为村民之间的不和谐因素。同时，这也可能造成"逆向选择"问题，部分有劳动能力的青壮年，为了获得扶贫资金（如住房改造），自愿待业在家，自动降低家庭收入，这就违背了实施扶贫政策的初衷。

图 6-12　打安村村中的宣传标语

（何昱辛拍摄，2017 年 4 月）

（五）产业可持续性堪忧，存在农户返贫风险

精准扶贫要求贫困群众能够精准脱贫、真正脱贫，而拥有足够的内生动力是贫困群众真正脱贫的重要保证。调研组注意到，农户对政府推行的特色产业的参与深度不够，贫困户的农业技能没有得到有效的锻炼。如果只强调外部带动帮扶而不注重贫困户的内生发展动力，一旦外部帮扶力度减弱，已经脱贫的群众很可能再度返贫。贫困户要想脱贫，必须学会利用本地优势条件和机会。打安村及其贫困户需要在资源、要素、机会和政策等方面创造新的活力。从长期来看，要稳定实现贫困人口"两不愁三保障"，基本公共服务领域主要指标接近全国平均水平，还存在不少挑战。

第七章

打安村扶贫实践的特色与亮点

第一节 天然橡胶支柱产业扶贫

一 打安村天然橡胶产业发展历程

天然橡胶种植业在白沙县具有举足轻重的地位。作为
海南省第二大橡胶树种植县和第一大橡胶树种植的贫困
县，种植橡胶长期以来被视为白沙县支柱产业。打安村于
1982 年引进了天然橡胶种植产业，在发展初始阶段，由于
割胶劳动在夜里，劳作与休息时间倒挂，橡胶种植推广难
度较大。为了响应上级部门的号召，打安村干部以身作则
率先开展种植，与此同时，村集体也开始掀起橡胶树种植

的热潮。随着经济的快速发展，天然橡胶市场价格稳步提升，村干部以及村集体获得了可观的收益，形成了良好的示范效应，到 20 世纪 90 年代末，打安村每家每户都已经种植了橡胶，少则种植 400 株左右，多则种植 2000 多株，实现了规模化发展，大大改变了打安村传统的粮食、木薯和甘蔗种植产业结构。2001~2011 年，天然橡胶价格从 8189 元 / 吨增加到 34086 元 / 吨，打安村橡胶树大面积扩张。许多农户建起了新房，农民生活水平迅速提升。天然橡胶成为农民脱贫致富的重要支柱产业。2016 年，打安村天然橡胶种植面积达到 6387.9 亩，橡胶成为村里的第一大种植作物。2012 年以来橡胶价格持续低迷，在一定程度上挫伤了农户生产的积极性。

二 打安村农户天然橡胶种植状况分析

2017 年 12 月 4~6 日，课题组针对 61 户样本户组织《打安村产业扶贫调查问卷》，重点调查天然橡胶种植等产业发展情况。因部分样本户外出或联系不上，共完成问卷 52 份。以下是此次调查的一些情况分析。

（1）种植时间。打安村从 20 世纪 80 年代开始橡胶种植，其中 1980~1989 年开始种植的农户占 28.3%，1990~1999 年开始种植的农户占 56.6%，2000 年以后开始种植的农户占 15.1%。大部分农户是从 20 世纪 90 年代开始规模种植橡胶，这也印证了海南民营天然橡胶产业形成、发展到壮大的历程。

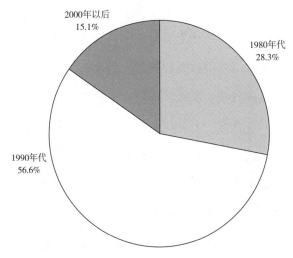

2000年以后
15.1%

1980年代
28.3%

1990年代
56.6%

图 7-1　不同时期打安村农户天然橡胶种植情况

（2）种植地貌特征。打安村 85.1% 的天然橡胶种植土地都是坡地，仅有 14.9% 的橡胶种植土地是平地，由于坡地种植其他作物比较困难，因此，这也是资源约束条件下天然橡胶作为支撑农户家庭收入产业的突出优势。

（3）橡胶树来源与经营方式。贫困户的橡胶树主要是自家种植，很少承包或购买别人的橡胶树。在经营方式方面，95.1% 的农户都是自己经营，剩下的 4.9% 是进行委托管理。

（4）胶园交通与水源。通过调查发现，打安村 83.6% 的胶园是能够利用摩托车运输胶水的，16.4% 的胶园交通不太便利。这说明目前大部分胶园交通基础设施较为完善，降低了胶工胶水运输劳动强度。尽管白沙县域水资源丰富，但是打安村 42.6% 的农户种胶地块并不靠近水源。

（5）销售对象、类型与频率。打安村 95% 的农户销售橡胶的对象是固定民营收胶站，5% 的农户选择销售橡胶给流动收胶人员。收胶点一般离农户胶园 1 公里左右，离农户家庭住所 1.5 公里左右。由于打安村周边收胶经营站点较多，农户主要以胶水形式出售橡胶，即从胶园收回胶水以后就可以直接出售，而不必长时间储存在家中或者压制成胶块、胶坨，仓储成本较低。关于销售频率，打安村 91% 的农户是两天出售一次胶水，少部分农户是三天出售一次，即两到三天农户就能进行一次交易。交易次数众多能保证农户每两三天就能获得收入，相较于大部分作物一年一次的交易，其资金流动性高、交易风险降低。

（6）市场信息关注程度与来源。通过调查发现，打安村 53.1% 的农户并不关注天然橡胶市场信息，说明其对于市场信息并不敏感，在一定程度上也反映出农户思想观念的束缚与滞后。对于天然橡胶市场信息的来源渠道，打安村 92% 的农户是从收胶站和收胶点的人员处获得，5% 的农户是通过邻居处获得价格信息，剩下的 3% 左右的农户则是从村镇统一发布的信息处获得。由此可见，收胶点是打安村天然橡胶交易市场信息流通的重要节点。

（7）农户天然橡胶种植面积与收入。打安村 305 户居民平均每户拥有橡胶林 18.9 亩，每亩平均年产干胶 89.2 公斤。2017 年打安村平均胶价是 10.4 元 / 公斤，每户天然橡胶年平均收入 17533 元。对于农户来说，天然橡胶种植收入是关键的收入来源。

三　天然橡胶产业减贫效应

天然橡胶是白沙县的农业支柱产业，其产业发展对当地农民脱贫致富以及农村区域经济发展具有重要作用。在推动产业结构调整、增加农民收入的进程中，政府和农民也作了种种大胆探索和试验，多次的失败使他们清醒地认识到，新产业的发展受到限制或暂不具备发展条件，在现阶段种植橡胶，大力发展天然橡胶产业无疑是最佳的选择之一。因为天然橡胶具有相对投入较低、种植地要求不高、市场相对稳定、技术易掌握、产品耐储存、运输方便等优点。而且橡胶树的经济寿命长，可使农民有几十年的稳定收入。白沙县开始了"天然橡胶期货价格指数保险"和收入保险的扶贫探索，期望解决农民增收问题。但因脱贫考核指标的短期性，橡胶树非生产期长，加上价格低，扶贫措施与天然橡胶产业没有形成协同发展合力。

（一）直接效应

1. 天然橡胶产业是农户家庭收入的重要来源

在调研中发现，打安村农户中，63.2%的农户表示橡胶收入占家庭年收入比重达到80%以上，8.5%的农户表示橡胶收入占家庭收入的61%~80%，19.1%的农户表示橡胶收入占其家庭收入的41%~60%，5.1%的农户表示橡胶收入占家庭收入的21%~40%，4.1%的农户表示橡胶收入占家庭收入的21%以下。因此，打安村农户将天然橡胶产业看得尤为重要，这也可以从农户对天然橡胶产业的态度看出来：按照2017年当前的胶价，如果没有政府补贴，88.7%的农户表示还是会长期从事天然橡胶生产。剩下的不会长期坚持的，也最少能够坚持5年不弃割，坚持10年不砍树。尤其是在

2009~2012 年期间，全国橡胶价格达到每公斤单价 30 元左右，打安村 1000 株已经开割的橡胶树每年可以带来约 8 万元收入，植胶农户用其购买摩托车，配置家用电器、家具，盖起了"橡胶楼"，部分农户过上了小康生活。2009~2012 年白沙全县农村 96% 的农户都种有橡胶，天然橡胶种植收入成为农户家庭收入的主要来源，人均（农业人口）种有橡胶 4 亩，人均橡胶产值 3600 元，占白沙县人均生产总值的 34.1%，农村家庭经济 70% 的收入来源于橡胶收入。"无胶不富""天然橡胶是绿色银行"成为白沙农民曾经的共识。[1]

2. 天然橡胶产业是村委会集体收入的稳定来源

在 2000 年之前，打安村村委会集体经济收入十分微薄，仅有 500 元左右。从 2000 年开始，村里大面积种植橡胶树，依靠橡胶出租村委会集体经济收入增长到 3000 元 / 年。当前，各个村民小组也都有集体收入，比如打安村民小组依靠橡胶出租获得集体收入 7000 元 / 年；长岭村民小组依靠橡胶出租获得集体收入 12000 元 / 年；可雅新村民小组依靠橡胶出租获得集体收入 10000 元 / 年；可雅老村民小组依靠橡胶出租获得集体收入 6000 元 / 年；保尔村民小组依靠橡胶出租获得集体收入 2000 元 / 年。

（二）间接效应

1. 吸纳劳动力就业

调查显示，仅有 2.1% 的打安村农户认为如果不种植

---

① 何长辉：《农户行为与民营橡胶产业发展研究——基于海南白沙县的调查》，海南大学硕士学位论文，2013。

天然橡胶，很容易就能找到收入差不多的工作；22.8%的农户认为如果不种植天然橡胶，很难找到收入差不多的工作，41.9%的农户认为如果不种植天然橡胶，想找到收入差不多的工作有点困难，认为能够找到或者比较容易找到收入差不多工作的农户也仅为33.2%。因此，天然橡胶产业是打安村劳动力就业的助推器与动力源，对于其劳动力吸纳产生了重要作用。同时，天然橡胶产业链上下延伸，从生产、收购、加工到销售整个环节，规模化、产业化水平不断提高，也吸引了部分劳动力的进入。因此，48.9%的农户表示其下一代会继续从事与天然橡胶产业相关的行业，而75.3%的农户对于下一代从事天然橡胶种植也是可以接受的。

2. 改变农户脱贫观念

通过调研发现，对于采纳橡胶生产新技术的态度，打安村中仅有12.8%的农户表示愿意积极模仿并学习，而剩下87.2%的农户对于新技术是比较排斥的，其中，21.3%的农户认为大多数人用了才会采用，40.4%的农户是看到

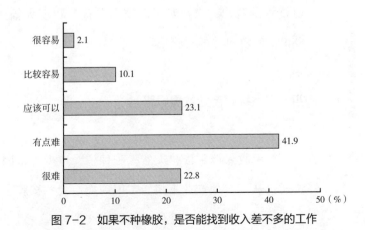

图7-2　如果不种橡胶，是否能找到收入差不多的工作

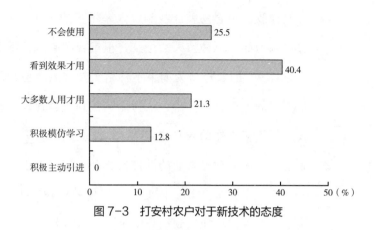

图7-3 打安村农户对于新技术的态度

了效果后才会采用，还有 25.5% 的农户表示不愿意接受也不愿意学习新技术。由此可以看出，打安村的农户思想整体上还是比较保守的。实施精准扶贫后，打安村农户获得劳动技能培训机会不断增加，由乡镇和县级单位共同聘请中国热带农业科学院、海南大学等单位的农技专家现场为农户进行橡胶种植与管理方面的培训，93.8% 的农户接受过天然橡胶科技推广服务，其中，72.3% 的农户经常接受天然橡胶科技推广服务，21.5% 的农户偶尔接受天然橡胶科技推广服务。目前，打安村已经有农户成为橡胶种植技术示范户，农户对于新技术的接受程度大幅度提升，68.9% 的农户觉得割胶是容易学习的。

四 天然橡胶产业发展思路

村民收入严重依赖天然橡胶种植，地少的贫困农户无法通过从事其他产业来扭转贫困局面。天然橡胶主要用于工业生产，市场价格受供需的影响波动较大，对于严重依赖橡胶种植的农户来说也是潜在的威胁。2012年以来，橡胶价格逐渐走下坡路，持续低迷的胶价不仅挫伤了胶农的生产积极性，也使农户家庭收入面临困境，很多农户温饱出现了问题，住房、医疗、教育等问题也随之困扰农户家庭，从而出现新的贫困户。

由于作物本身的特性和农户产业选择能力的限制，以及产业规模，打安村橡胶种植暂时难以被替代。白沙县民营橡胶面积63万亩，人均拥有橡胶面积全省第一，种植橡胶是农民的主要收入来源。根据县委的部署，全县立足生态资源优势，大力发展生态农业，重点在林下经济和绿色产业上做文章，努力实现"绿水青山就是金山银山"。[①]发展环境友好型天然橡胶产业，加大对天然橡胶产业的政策扶持，让支柱产业做强做优仍是政府和农民首要考虑的。天然橡胶产业在海南具有举足轻重的地位，但大部分扶贫文件并没有把天然橡胶作为重点予以支持。对天然橡胶产业方面支持较少，产业扶贫包括发放种苗和实施"保险+期货"。未来要在天然橡胶生产保护区建设框架下，争取更多的财政支持，推广天然橡胶"期货+保险"和收入保险。

当前，针对打安村及其贫困户的产业开发重点建立在当地的土地资源基础之上，其核心是种养产业。合理开发林下资源，是充分利用土地、提高复种指数和产出的重要手段。其可行的模式，一是在胶园的非生产期发展间作，

---

① 张蔚兰：《建设绿色家园 助推脱贫攻坚——海南白沙县开展绿色减贫实践》，《中国扶贫》2018年第5期。

图 7-4　打安村橡胶林下种植益智

（张德生拍摄，2017 年 4 月）

二是在胶园开割期发展种养产业，有林药模式、林禽模式、胶蕉模式、林牧模式、林菌模式、林粮模式等生产模式可供选择。目前林下种植益智已比较成熟，牛大力种植也在推广。由于人力成本的增加，林下经济常出现不经济的状况，要积极在合作社、公司等组织化载体下实现产业健康持续发展。同时，吸纳更多的农户进入合作社，把合作社做好。

第二节　特色产业扶贫

一　打安村扶贫产业开发现状

2016 年，打安村调整扶贫产业结构，以传统橡胶为主，转向发展种养业，提倡种养相结合。在种植业方面，形成了以橡胶 6387.9 亩、水稻 329.2 亩、槟榔 102 亩、蔬菜 454 亩、甘蔗 667 亩为主要的经济作物，兼种植玉米 95 亩、番薯 67 亩、木薯 55 亩、益智 35 亩的产业发展格局。在养殖业方面，形成以自养自销的生猪为主（118 头，年出栏量 312 头），同时发展肉鸡（2994 只，年出栏量 7714 只）、蛋鸡（506 只，年底出栏 1340 只）、鸭（158 只，年出栏量 605 只）、鹅（86 只，年出栏量 317 只）的产业发展格局。种养业成为打安村经济发展最重要的产业，是农民收入最重要的来源。

表 7-1　打安村产业扶贫项目情况

项目名称	规模（亩）	扶贫资金投入情况（万元）	带动贫困户（户）	带动贫困人数（人）	预计经济效益（万元）	预计利润（万元）
食用菌蘑菇种植	2	128.65	71	289	146.74	78.96
种桑养蚕	400	262	64	274	248	210

资料来源：白沙县扶贫办。

镇政府加大农村特色产业开发力度，免费给农户发放益智苗、槟榔苗和幼蜂。利用益智怕高温喜潮湿特性，将其作为橡胶的林下种植作物。打造了远征自然村这一蜜蜂养殖专业村，目前该村每家每户都已经掌握了蜜蜂养殖技术，带动 27 户贫困户，养蜂 280 箱；发展茶树菇 2 亩，带动 65 户贫困户 274 人；发展豪猪特种养殖 273 头，带动 32 户贫困户 138 人。改变传统分散的耕作模式，把土地全部流转归合作社进行整合，从区域规划、市场需求的

图 7-5　农户房前屋后的槟榔树

（何昱辛拍摄，2017 年 4 月）

高度统一种桑养蚕，由打安镇政府与海南美亚实业有限公司共同投资，投入建成蚕房 150 平方米，种植桑树 40 亩共 135000 株，带动贫困户和非贫困户共同发展。2017 年 7 月 12 日，桑蚕产业扶贫开发示范基地从海南中丝发展有限公司引进桑蚕 8 万多头，蚕架 240 张，标志着白沙县首个桑蚕养殖示范基地正式投入养殖。

2018 年 6 月，国务院扶贫办副主任欧青平到打安村调研，专门到种桑养蚕示范基地调研帮扶工作，了解产业发展情况。

二　当前产业开发存在的问题

1. 农民专业合作社发展与引领能力不强

在合作社推动精准扶贫精准脱贫的过程中，政府部门将上级划拨给贫困户的扶贫资金和扶贫物资集中到合作社，由合作社经营管理，合作社每年给贫困户约定比例的分红，以保证贫困户有持续稳定的收入，进而实现脱贫目标。打安村现有部分农民专业合作社没能发挥引领村民共同致富的作用。如白沙焕发天然橡胶专业合作社，成立于2013年4月，对外主营橡胶收购业务，但是近2年并未收胶，且没有实质性的业务。合作社成立时社员户数为5户，经过3年多的发展，目前的社员户数仍为5户，长期贷款经营，资金投入明显不足。为村干部或能人领办，但缺少龙头企业带领，盈利能力不强，发展后劲不足，辐射带动作用有限。

"合作社＋贫困户"模式中，贫困户是合作社的社员，合作社理事长一般由农村能人或者企业代表担任，也有部分由贫困户自己担任。在这个过程中，政府基层扶贫部门实际上扮演着贫困户代理人的角色，与合作社约定分配给贫困户的收益，监督合作社的运营和管理，而其本身的行为又受到上级部门的监督和约束。贫困户对合作社而言，是提供了资金或者扶贫物资的投资人，大多属于普通社员。在这个过程中，政府、合作社理事长和贫困户目标一致，即合作社能够实现盈利，进而帮助贫困户脱贫。但是，目标能否最终实现受到很多因素影响，归纳起来一方面取决于合作社内部管理运营的稳定性，另一方面则取决于政府与合作社之间的委托代理关系的可持续性。

2. 产业不成规模，市场竞争力弱

天然橡胶种植作为村中最大的产业，在当前的价格背景

下，发展困难。木薯和甘蔗作为低效益产业，已纳入政府产业结构淘汰的范畴。其他新发展的各个产业，均处于产业引入阶段，规模不大，市场知名度不高，竞争力不强，存在较大的市场风险。种植槟榔和热带水果，投入和技术门槛高，一般农户难以较好掌握，市场价格波动风险大，对贫困户而言有一定的压力。

3. 农户自身素质不高、脱贫内生动力不足

当前打安村贫困人口综合素质、文化水平和对新事物的接收能力均明显不足，学习能力和技术水平都很低，影响了扶贫产业的健康可持续发展。自身资本不足，抗风险能力较弱，受产业扶贫自然灾害、市场行情、疫病防控、技术指导等方面因素的制约，积极性不高。同时，贫困农户脱贫内生动力不足，在一定程度上限制了产业扶贫的带动作用与推广成效的发挥。

三 探索发展新兴特色产业

前文所述，当前的探索还是在种养产业，只是品种选择不同。有效利用资源和发展高附加值农业是就地发展的最基本选择。除打安村的产业发展项目外，白沙县还重点扶持贫困户发展南药、茶叶、葡萄、百香果、反季节凤梨、黄金地瓜、果蔗、黎药、秀珍菇等种植类项目以及黑山羊、黄牛、果子狸等养殖类项目。这些多元的产业项目打安村都可以尝试，目前打安村已实施的种桑养蚕、养蜂、豪猪等项目，关键是在市场的选择中，如何做大做优

图 7-5　村中道路和绿化

（何昱辛拍摄，2017 年 4 月）

和持续发展的问题。着力推进质量兴农、绿色兴农、品牌强农，提升产业发展水平。探索循环农业发展模式，实现种养结合循环发展。

积极发展庭院经济，做好黄花梨树的种植和热带果树的种植，既可以积累未来的财富，也可以改善当前的家庭生活质量。与此同时，还可以拓展农业的多功能性，发挥打安村良好的地理区位优势，依托美丽乡村建设和村里的大树资源，适度发展农家乐。

除了依托土地资源做文章外，重点还要围绕人做文章。一是发展打工经济，进行劳务输出，一人打工，全家脱贫。二是在打工中，推动形成本地人的专有技能，如泥水匠、装修工等，推进农民向产业工人转化。三是鼓励村民发展商业和服务业，做点小买卖，跑跑运输，形成新的发展空间。把人从农业中转移出来，是当地下一轮脱贫致富的关键。

第三节　产业扶贫模式

一　发展专业合作社

精准扶贫的行动中，白沙县以及打安镇认真落实中央和海南省的各项部署和决策，落实各项扶贫政策，在住房保障、医疗保障、教育保障、社会保障和产业帮扶、就业帮扶、电商扶贫、整村推进等各个方面都做出了大量卓有成效的努力。结合打安村的扶贫实践来看，在产业扶贫方面做出了一些探索和尝试，取得了一定的效果，形成了一些亮点模式。

发展特色产业是提高贫困地区自我发展能力的根本举措。目的在于促进贫困个体（家庭）与贫困区域协同发展，根植发展基因，激活发展动力，阻断贫困发生通道。产业扶贫涉及对象最广、涵盖面最大，易地搬迁脱贫、生态保护脱贫、发展教育脱贫都需要通过发展产业实现长期稳定就业增收。打安村长期以来以橡胶树种植为主，橡胶种植属于村中的基础产业，其他特色产业发展基础薄弱，村庄在资源方面的优势并不突出，并且尚未有效转化为产业优势、经济优势。为此，打安村委会乃至白沙县积极发挥专业合作社、企业、农村能人、村干部等"带头人""传、帮、带"的示范带头作用，白沙县根据各乡镇产业发展规划和贫困户发展意愿，挑选"带头人"和扶贫项目，并安排配套设施建设。为带动村庄贫困户脱贫，打安村引进种桑养蚕、养蜂、养豪猪和种植茶树菇等特色产业，其中养蜜蜂和养豪猪则是基于村庄原有的技术能手或者大户，扩大规模带动贫困户发展。

新型产业发展，都离不开合作社的建立与发展。白沙海通蜜蜂养殖专业合作社主要从事蜜蜂养殖与销售，由养蜂大户张德志以及其他 5 名社员领办。2016 年年底政府利用扶贫资金买了 100 箱蜜蜂，由张德志帮扶打安村 9 户贫困户养蜂，领取了 100 箱中华蜂，帮助他们养殖，按照每年 5∶5 的比例分成，每年可以为每户贫困户增收 3222 元。合作社与贫困户之间都签订了合同，合同期限为 4 年，到期后，贫困户可以选择退出，自己养蜂，也可以继续由张德志代养，探索了双方共赢的"租借养蜂"新模式。

白沙业殊豪猪养殖专业合作社 2017 年 6 月才正式挂牌，是由打安村委会远征村村民发起的，有 7 名社员，合作社负责人杨贺顺 2015 年 6~7 月开始养殖豪猪。2017 年

图 7-6　豪猪养殖专业合作社养殖基地

（朱月季拍摄，2017 年 12 月）

图 7-7　豪猪养殖专业合作社宣传栏

（朱月季拍摄，2017 年 12 月）

7 月，打安镇有 32 户贫困户加入养豪猪行列，其中打安村有 4 户，政府相应投入产业扶贫资金 21 万元。豪猪养殖厂房建在打安村内。贫困户的产业扶贫资金是以入股的形式加入，每年按 12.5% 的比例固定分红。从事蜜蜂和豪猪养殖的产业发展可以归纳为"农村能人 + 合作社 + 贫困户"的产业发展模式，合作社的起步和发展离不开核心的农村能人。在打安村精准扶贫实施过程中，为了带动贫困户脱贫致富，政府部门作为扶贫开发的责任主体，利用扶贫资金帮助合作社发展壮大，以带动贫困户脱贫。同时为了保障贫困户的基本收益，合作社与贫困户还签订了入社合同，约定了贫困户的最低收益。

茶树菇种植由白沙众民食用菌专业合作社组织。作为镇一级的专业合作社，采取"龙头企业 + 合作社 + 贫困户"模式，打安村委会 65 户贫困户全部参与。打安村有一个厂房，占地两亩。贫困户以产业扶贫资金入股，一旦入股，三年不得撤出。产品由企业收购，根据产业收入情况进行分红。产业盈利额分配给合作社10%，其中5%归村集体，5%归合作社理事会，作为日常管理费用。剩余90%以分红的形式发放给农户。通过集中将扶贫资金注入合作社，构建贫困户与新型农业经营主体、种养大户、龙头企业的利益联结机制，有效解决了贫困户存在自我发展能力不足、单打独斗抗风险能力弱的问题。通过入股保底分红的形式，大大帮助贫困户增收。

为发展种桑养蚕，2016年7月，打安村委会成立了白沙安定种养专业合作社。与其他合作社不同，该项目除了得到镇政府的资助外，还得到了挂点帮扶单位——海南美亚实业有限公司的投资。美亚公司先后投入28万元，为打安村购买耕作机、三轮摩托车。合作社负责土地流转，前期建设40余亩桑树示范基地，种植抗青-283实生桑苗约13.5万株，由各村民组长带头示范，暂不涉及贫困户。2017年底扩大种植规模后，将吸纳贫困户参加。到2018

图7-8　打安村建设中的蚕房
（张世忠拍摄，2017年4月）

年，全村开垦荒地种植桑树面积达160多亩，带动30多名贫困村民在合作社务工。由海南琼中县中丝公司提供技术保障，并负责回收蚕茧。2017年7月28日，首次销售蚕茧约270斤，收入约6000元人民币。种桑养蚕的经营模式可以归纳为"村集体＋龙头企业＋合作社＋贫困户"的产业扶贫开发模式，形成了村企共建的扶贫模式。村集体的参与便于桑树种植过程中土地流转，尽快形成示范效应，同时吸收贫困户参与，保证贫困户的收益，完成精准扶贫的基本任务。企业的参与则保障了市场与生产技术，解决了发展资金和能力的问题。

在打安村产业扶贫过程中，产业选择采取种养结合、长短结合的方式，有利于扶贫方式、扶贫选择的多元化，提高精准扶贫的效率。按照白沙县扶贫开发总体部署，产业扶贫帮扶项目及其配套设施的所有权归贫困集体，贫困集体通过帮扶项目与"带头人"通过协议形成一种利益连接机制，双方利益约定必须在保住项目、滚动发展的基础上才能分成，确保帮扶项目建成看得见，形成可持续的脱贫增收产业。贫困集体成员除了得到项目投入的股份分红外，还可以得到土地入股的资产性收入、参与种养管理务工收入；"带头人"除了得到股份分红外，还可以得到投工投资收入，并可以获得政府根据其在"传、帮、带"中的贡献给予奖励的额外收入。

打安村产业扶贫开发过程中，合作社的建立以及各种产业发展模式的形成，主要是通过资本、技术、市场等要素的引入，内置打安村发展的根基，保证产业持续稳定发展。但从其他地区调研的情况来看，有三个问题值得警惕：

一是高度重视项目落地，但忽视项目后期收益的实现和产品营销；二是扶贫过程中各扶贫参与者都对新引进的产业呈现出强烈的规模与数量偏好，从而容易忽视本地区农业发展的实际情况，造成盲目扩张；三是忽视对贫困户的引导和技术的培训，导致贫困户前期参与度高后期参与度低，甚至影响合作社本身的发展。

二　发展电商扶贫

白沙县已建成电商公共服务、人才孵育和大数据三大平台，聚焦贫困村，通过产业规划、品牌创建、网店开发、人才培养和物流保障等五大体系，一条龙全方位帮助村民转型触网。2016年12月启动了"1310"帮扶机制，最终形成"六个一"（一个主导产业、一个主导农产品品牌、一个农村电商服务站、一个电商创业团队、一套电商培训体系、一批网店经营者）的发展局面。从2016年开始发展，截至2017年12月，全县线上交易额超6800万元，订单量超33万单，购买9万人次，助力绿茶、鸡蛋、蜂蜜等80多个品种触网销售，实现了农产品全国全网直销。全县建设农村电商服务站37个，覆盖全县各个乡镇，其中12个在贫困村内落成。创建全省首个电商产业园1个，帮助全县开办各类网店380家，其中淘宝店92家，微店288家，贫困户72家，带动超1000户农户销售农产品，带动从事电商农户网销485.7万元，户均增收2857元，从事电商贫困户网销14.8万元，户均增收2349元，带动电商从业人员超700人。

图 7-9　村中的农村淘宝电动车

（张世忠拍摄，2017 年 4 月）

合作电商平台 13 个，成功进驻天猫、京东等大平台，让白沙民营橡胶成功进驻"1688"平台，线上交易额突破 2100 万元，推动乳胶价格上涨近 300 元 / 吨，带动 5000 多户胶农销售乳胶，其中 500 多户是贫困户。

2017 年，创建全省第一个精准扶贫运营中心。新兴特色产业的发展要解决市场的问题，电商提供了一条新的路径。打安村作为白沙电商扶贫的重点村，一直得益于白沙县关于电商扶贫的顶层设计和机制创新。张德志、高胜章等 7 位农民养蜂能人带动发展近千箱中华蜂，年产蜂蜜 8500 公斤以上，然而销售渠道不畅，经过政府帮扶，为其提供开设微店、经营培训、媒体宣传、政府背书、质保送验、代言活动等方面服务，扩大了知名度。同时为其筹办"互联网 + 消费"的爱心众筹活动，达成 5 万元的众筹金额。此外，还为其申请注册"打安蜂蜜"商标，打造质量保证的知名品牌。张德志本人在白沙电商的帮助下，开设网店并进行操作培训，很快就掌握了操作方法，在网店上取得了良好的销售业绩。

三 党建扶贫为引领

2016 年起，打安镇将打安村作为该镇的党建扶贫点，通过提升农民综合素质、促进农村发展、创新社会管理等方式，让打安村脱贫致富。大学生村官吴俊才提出以争创"红旗"党支部为奋斗目标，厘清了以党建扶贫为引领、以产业扶贫为抓手、以完善基础设施为重点的扶贫思路。用"党支部带动、党员带头、致富能手引领"的模式加快贫困户脱贫。①

扶贫工作队团结村两委，帮建基层党组织。采取扶贫先扶"智"的方法，在 2016 年以村"两委"班子换届作为契机，对村"两委"班子成员和党员干部进行培训，培养了一批能干事、肯干事、干成事的党员致富带头人，提升村"两委"班子的战斗力。鼓励并组织党员干部、村民代表到儋州、琼中、临高、东方和白沙元门乡等地参观学习产业发展经验，并与帮扶企业开展合作，整合扶贫资金资源成立了种桑养蚕示范项目，进一步增强了帮扶村党支部的"造血"功能，提高党支部和党员在产业发展上的先锋带头作用。

利用脱贫致富电视夜校的课后讨论时间，工作队与贫困户共同探讨在产业发展上的规划。此外，积极帮助协调

---

　① 萧菲、符文科：《白沙打安镇打安村迎蝶变》，《海南日报》2017 年 7 月 1 日。

党员干部带头发展改善农民生产生活和增加农民收入的项目。如党员、养蜂能手张德志，带动9户贫困户养殖了100箱蜜蜂。

扶贫工作队把党建扶贫的着力点放在提高贫困村党支部的战斗力和提高党员对群众帮扶的带动力上。为此，他们从每个村民小组筛选了有一定文化基础、经济头脑，以及有号召力和话语权的"党员奔富带头人"，围绕产业项目进行创业创富培训，增强带头人"带头学习、带头奔富、带头致富、带头争优、带头帮富"的"五带"意识。同时要求每位"党员奔富带头人"联合带动5户农户，实施种植和养殖计划。通过示范作用和产业载体辐射，带动广大农户进入产业扶贫轨道，努力提升产业扶贫的示范力、实施力和创富力。

按照"党建围绕扶贫转、扶贫围绕民生转、民生围绕产业转、产业围绕经济转"的思路，针对农田坡地撂荒的情况，扶贫工作队把土地全部流转归合作社进行整合，从区域规划、市场需求的高度统一开发蚕桑产业；盘活土地资源。2017年3月首期种植40亩桑苗，6月正式开始养蚕。截止到2018年7月，5片165亩的撂荒地种上了桑树，建起了25间蚕房，30户贫困户参与种桑养蚕。

第八章

结论与对策建议

第一节　调研结论

一　打安村的实践反映了海南省扶贫的总体工作

　　打安村并非白沙县贫困情况最为严重的村庄，它只是海南省诸多贫困村的一个代表。通过对打安村这一黎族贫困村庄的调研，可以反映出一个国家贫困县少数民族贫困村的基本面貌、贫困状况及其演变、贫困的成因、减贫历程和成效等，反映出中央有关政策在海南的贯彻落实，海南省委省政府、白沙县委县政府、海南省和白沙县扶贫办等部门在精准扶贫精准脱贫工作上的努力和实效，以及打安镇委镇政府、打安村两委和相关扶贫人员所做的各种付出。打安村扶贫办为全国扶贫工作提供了经验：把推进脱贫攻坚工作作为各级党委政府部门的头等大事真正落到实处，各类政策落实为建档立卡贫困户生产生活的改变和脱贫致富提供了坚强保障。

贫困的存在是天然的，贫困户是有差别的。从地区看，贫困农户的贫困状况与当地的区位与资源、传统习惯、产业基础等有关，贫困问题在短期内解决，也只能是低层次的。从贫困户个体看，贫困与疾病、缺乏资金、缺少土地和技术等有关。《中共中央国务院关于支持海南全面深化改革开放的指导意见》指出，海南"到 2020 年，与全国同步实现全面建成小康社会目标，确保现行标准下农村贫困人口实现脱贫，贫困县全部摘帽"。剩余的 2 年时间里，重点要解决深度贫困村和贫困群体的脱贫问题，海南中部少数民族山区仍是难点所在。

二　精准扶贫在较短时间内取得明显效果

贫困农户已经享受到包括医疗、教育、社保、住房、产业、就业方面的政策帮扶。贫困户住房条件大大改善，调研期间几乎所有建档立卡户家庭的房屋都正在重建，重建房屋都是钢筋混凝土结构。比较有代表性的特色养殖和种植也在打安村落地，主要以"村庄能人 + 贫困户"组建合作社的模式开展，形成了蜜蜂养殖、豪猪养殖、种桑养蚕、茶树菇种植等比较有代表性的养殖合作社或者基地。

以天然橡胶为主体的农业产业结构正在改变，农民收入的来源日益多元化。

贫困户对打安村扶贫效果整体评价较好。认为本村扶贫项目效果"比较好"和"非常好"的分别占16.13%、45.16%，具体到贫困家庭每户的扶贫效果上，22.58%的贫困户认为针对其实施的扶贫措施效果"比较好"，38.71%的贫困户认为针对其实施的扶贫措施效果"非常好"。贫困户满意度也比较高，总体上反映了扶贫工作的良好效果。但是，让贫困户有持续稳定的收入，稳定提高脱贫质量，巩固脱贫成果，防止脱贫后返贫的任务还比较严峻。

三 产业扶贫是打安村扶贫的亮点

打安村以前脱贫致富的功劳，很大程度上得益于发展天然橡胶生产。当前农民收入，也很大程度依赖天然橡胶产业。特殊的地理条件决定了该地适合种植天然橡胶。村民家中天然橡胶种植面积的多少决定了村民收入的多少。不同农户家中拥有的土地面积悬殊，历史上老一辈开荒面积多的农户家拥有更多的土地，而开荒少的土地就少。拥有较少土地的农户因种植天然橡胶数量有限而收入微薄。当地在拓展新的产业方面，引进种桑养蚕、养蜂、养殖豪猪和种植茶树菇等特色产业，并得以初步发展。

继续优化发展天然橡胶产业，仍是当地不可替代的选择。加强天然橡胶生产管理，引导贫困户科学施肥，提高产量，发挥其促进农民增收的主导作用。扶持专业合作社带动发展新兴热带特色高效农业，形成规模和开发市场。鼓励贫困户利用房前屋后和周边空地发展种养业，种植经济作物。加强畜牧、农技部门和农业服务中心对贫困户的技术培训和指导，做好病虫害的防治。白沙县的电商平台在帮助贫困户产品销售方面发挥了积极作用，并成为海南省精准扶贫的典型。

四 扶贫施策精准性、脱贫可持续性仍面临挑战

扶贫政策的精准实施要求扶贫工作转变原来的"撒胡椒面"式扶贫，精准识别贫困户是首要工作。现实情况下，村庄内居民的收入差距并不明显，贫困认定标准虽然执行起来有效率，但按照现有标准"一刀切"的做法容易引发新的扶贫困境。贫困户享受住房、教育、产业帮扶等多方面实实在在的利益，会使得贫困户产生脱贫的"惰性"——即不愿意马上脱贫，同时也使得非贫困户主观上放弃可获得的家庭收入，如拒绝外出打工，自愿降低收入，申请贫困政策支持，不能享受政策就牢骚满腹。另外，村民的家庭收入难以精确统计，贫困户的识别也显得有些模糊。如何根据贫困地区的实际情况调整当前精准扶贫的具体实施方式是一项重要挑战。

在打安村的扶贫实践中，产业扶贫是带动贫困户脱贫的主要方式。通过种植或养殖能手的带动，围绕具体产业组建合作社，推动贫困户积极加入合作社，贫困户以扶贫

资金换实物的方式入股，并参与产业利润分配。在短期内，贫困户能够通过分红迅速脱贫。但基于产业的合作社发展是否能够持续下去，既需要带动者有较强的责任心与管理能力，又需要贫困户的积极参与，共同面对产业发展过程中的自然风险和市场风险。如果贫困户主动性不够，缺乏实质性的参与，一旦面临自然灾害或产品价格下跌，将面临再次返贫。因此，产业扶贫必须设计合理的利益分配机制，有效管理，增强产业发展可持续性。

第二节　对策建议

一　农民脱贫致富要与区域经济发展一起考虑

改变单个贫困户和群体贫困户的现状，都要关注贫困背后的根源。研究贫困户个体也要考虑整个区域，研究生存型减贫政策，更要研究发展型减贫政策[①]。打安村可代表少数民族山区的贫困状态。少数民族山区是一个区域性问题，因此，要解决贫困问题，还要从宏观着手，即加快所在区域的经济发展。政府一手要抓好经济发展，把握好精

[①]　陈全功、程蹊：《少数民族山区长期贫困与发展型减贫政策研究》，科学出版社，2014。

准扶贫与区域发展的关系，把脱贫攻坚与县域经济发展有机结合起来，进一步瞄准建档立卡贫困人口，把握好短期脱贫和长期致富的关系，着眼长远搞规划，立足当前抓重点，统筹协调推进；一手抓输血补血，争取更多财政转移支付和政策支持，加大当地基础设施建设，优化当地公共服务，特别是提高乡村基础教育水平，改善发展条件。

对打安村而言，首先是借力乡村振兴和实施的"美丽海南百镇千村"建设，在打安镇建设特色产业小镇、打安村建设美丽乡村的基础上，结合贫困户危房改造，做好农村的垃圾处理、污水处理、环境整治工作，利用有限的资金建设可持续化、效果好、满意度高的项目，使农村人居环境得到有效改善，改变生活环境，改变贫困户生活状态、观念和精神面貌。其次，在美丽乡村建设基础上，拓展农业多元经济，创造条件发展休闲农业和乡村旅游，让部分农户吃上"旅游饭"。最后，拓展农户生态环境收益，白沙属于生态保护核心区，要多方争取生态补偿，每年发放生态直补资金，让贫困人口从生态建设中获益。扶持保护区内群众发展南药、养蜂、食用菌等绿色产业。

二 增强农户脱贫的内生动力

当前扶贫工作的典型特点是外在力量的干预。政府、社会和各方都投入了大量的物力和人力支持。没有这些力量的进入，短期内的巨变是不可想象的。在调研过程中发现，村民想戴"贫困户"的帽子，在做调查问卷时故意瞒报家庭经济情况，争当贫困户。按理说，"贫困"不算是光彩的称号，不应该出现争抢贫困户名额的现象。究其根本原因还是穷和贫困户的巨大回报激励，于是争当贫困户。如果只强调外部帮扶而不注重内生动力，不注重提高贫困群众的自我发展能力，一旦外部帮扶力度减弱，已经脱贫的群众很可能再度返贫。

拥有足够的内生动力是贫困群众真正脱贫的重要保证。习近平总书记多次强调内生动力对脱贫攻坚的重要意义，他指出，要着力激发贫困群众发展生产、脱贫致富的主动性，着力培育贫困群众自力更生的意识和观念，引导广大群众依靠勤劳双手和顽强意志实现脱贫致富。所以，实施精准扶贫精准脱贫，必须引导贫困群众树立主体意识，把扶贫与扶志、扶智结合起来，聚焦贫困群众的能力养成和自我发展潜力培养，变"输血"为"造血"，既解决物质贫困，又解决"素质贫困"，在改变贫困人口生产生活条件的同时，更加注重素质能力的提升和思想观念的更新。要改进帮扶方式，提倡多劳多得，营造勤劳致富、光荣脱贫氛围，将发展产业当做增加贫困户内生动力、促进可持续发展的重要举措来抓，逐渐形成自我发展、自我脱贫能力。加强教育和技能培训，培养更多的新型职业农民，培养一大批农村实用人才，让更多的农户从农业中转移出来，进入工业、商业和服务业中，增强农民的健康水平，依靠自身的人力资本发家致富。

贫困户观念的转变必须摆脱心理上的贫困，培训专业心理扶贫工作者，对贫困群众进行精准心理帮扶。选派一批具有一定教育学、心理学和社会工作等专业知识的村扶贫干部和基层教师，选拔一批心理专业知识过硬的支农支教大学生，经过系统专业的培训和考核，为贫困群众提供心理扶贫服务。搭建好贫困群众帮扶需求和社会各界帮扶意愿有效对接的工作平台，引导激励社会各界踊跃投身扶贫事业，努力形成专项扶贫、行业扶贫、社会扶贫相结合的大扶贫支持格局。对心理资源特别贫乏的家庭，还要采取一带一的"结对子"方式进行心理帮扶，改变贫困群众"等靠要"思想。[1]

三 依靠发展产业解决贫困问题

产业发展是农村经济社会发展的基础动力，其发展水平和发展质量决定一个区域的竞争力水平，最终决定区域的贫困或者富裕程度。[2] 没有产业发展的扶贫是无源之水、无本之木。应正确评估产业选择，根据掌握的市场信息和拥有的资源优势，并利用当地特色和区域优势来培育特色产业、扶持传统产业。天然橡胶产业是支柱产业，其他产业还在培育之中。所以，要创造条件优化天然橡胶产业发展，充分利用土地资源，进行胶林间合理间种，发展林下经济；实施"保险＋期货＋精准扶贫"，实施天然橡胶收入保险，为保障胶农收入和稳定天然橡胶产业提供积极的

---

① 傅安国、黄希庭：《开展心理精准扶贫，破解世代贫困难题》，中国社会科学网，2018年3月。
② 徐旭初、吴彬：《贫困中的合作：贫困地区农村合作组织发展研究》，浙江大学出版社，2016。

财政扶持。

政府主导的有组织、有计划、大规模的产业扶贫开发活动在部分地区确实产生了减贫效应；但同时也应清楚看到，产业扶贫的道路上存在的诸多问题：地区资源禀赋与产业发展不能较好结合，导致资源错配；产业调整力度过大，农户对新兴产业发展在认知和技术上难以适应，导致产业夭折；产业发展带动农村的生产要素和资源进入市场，引导贫困农户进入市场，但小农户与现代农业发展不能有机衔接，市场风险加大。调研了解到部分村民对于产业扶贫的相关措施并不十分满意，并且出现了将产业扶贫物资出售或闲置的现象。究其原因，贫困农户反映，他们也想通过其他产业增收，但是自己没有技术、家中没有劳动力或没有资金支持。既然没法实施这些产业，就只能将发放的物资出售或闲置。农户想增收，但是政府供其增收的产业项目却无法达到增收的目的，这其中就存在供给与需求错位的问题。因此，相关部门进行各项产业政策评估时，在结合当地实际情况的同时，也要听取农户的意见，提供尽可能丰富的产业项目供农户选择，充分考虑农户家庭劳动力情况、农户个人能力状况等相关因素，使产业政策符合农户需求，做到长、中、短项目相结合。在提供产业扶持物资的同时也要配套提供相关设施与技术支持，如提供蜂箱的同时也要有专业人员为其提供技术指导，及时解答农户的问题，以消除其后顾之忧，保证产业能够顺利实施。

除了在需求与技术方面的考虑，更要在组织管理模式和市场方面进行创新。保障贫困农户参与减贫的权利和机会，主动参与减贫行动，自愿选择产业项目和接触市场。推广"五带动全覆盖"模式（企业、共享农庄、合作社、家庭农场、致富能人五类经营主体，覆盖带动所有建档立卡贫困户），切实解决农业产业扶贫散种散养、产业单一、"一送了之"等突出问题，确保组织化产业帮扶全覆盖，每个贫困户都有稳定的增收产业。推动五类经营主体与贫困户建立利益联结机制，推广"企业＋合作社＋村集体经济组织＋贫困户"、"党支部＋企业＋村集体经济组织＋贫困户"等"村社合一、社企合一"帮扶模式。充分发挥农民专业合作社的引领作用，提供技术支持，规范生产流程，集中产品销售等方式，促进农户抱团发展，引领贫困农户走上富裕的道路。合作社要以保证贫困农户的利益增值为首要目标，并且其内部制度安排要有助于信任的建立，在分配制度方面要突出利益分配的公平性。探索扶贫资金、土地承包经营权、林权等物权作价入股合作社或企业经营，最大限度释放贫困户和集体的资产潜能。进一步发展农村淘宝网店，利用电商平台，解决产业发展的市场问题。

四　立足教育改变村民，摆脱贫困

部分贫困户对政府发放补贴物资就收下，对需要付出成本的救助政策则积极性不高。部分想配合扶贫政策，积极脱贫的农户则面临缺技术、缺管理能力的问题。村民思想观念无法在短期内改变，有限的文化程度难以带来较高的收入。因此，应通过科技下乡、科技活动月等多渠道多形式开展科技培训和示范，以提升农户科技素养，培养一批有技术、会管理、懂经营的新型职业农民。弘扬优秀的黎族传统文化，让勤劳成为一种习惯。

当地农村基础教育薄弱，接受中高等教育的学生数过少。从子代抓起，提高教育水平，是改变当地贫困现状阻断贫困代际传递的关键途径。为此要加大教育投入，加大对口支援教育，引进优秀教育人才和教育理念，提高乡村基础教育整体水平。同时做好教育脱贫的宣传工作，提高当地村民对教育的重视程度。继续落实针对贫困农户子女的教育补贴，精准识别特困家庭子女，给予其特殊教育帮扶，保障每一个贫困家庭子女受教育的权利，避免因贫辍学现象的发生，以提高当地贫困农户子女的文化和技术水平，更新其观念，丰富其技能。

五　改进精准扶贫工作方式方法

继续实施党建扶贫。"党支部带动、党员带头、致富能手引领"，把党建扶贫的着力点放在提高贫困村党支部的战斗力和提高党员对群众帮扶的带动力上。继续培养"党员奔富带头人"，围绕产业项目进行创业创富培训，增强带头人"带头学习、带头奔富、带头致富、带头争优、带头帮富"的"五带"意识。通过示范作用和产业载体辐射，带动广大农户进入产业扶贫轨道。

优化贫困户评选和监督机制。除了特别明显的贫困户外，其他贫困户和非贫困户之间的界限较为模糊，贫困户的评选很容易产生异议与不服情绪。因此，在贫困户认定时，不仅要以物质条件为依据，还要因地制宜、因时制宜，从不同区域的实际情况，合理确定收入标准，着力推进一个多元化、多层次、自主性的贫困评价体系。在保证认定过程科学性的同时，也要保证村民的知情权，增加公示程序以对评选公平性的保障。村委会应该及时将各项指标以及贫困户认定方法进行公布，对于贫困户评选的结果要提前公示，并且接受其他农户的质询，消除农户的疑问。在完善评选机制的同时也要建立监督举报机制，对于相关人员徇私舞弊、搞裙带关系的行为予以惩戒。通过完善贫困农户认定机制，保障人民群众的监督权，使"精准扶贫"更精准，消除群众疑虑，以保证扶贫政策真正惠及贫困农户，确实提高农民满意度。

加强工作管理。建设精准扶贫大数据管理平台，提高管理的信息化水平。针对动态调整不到位造成漏评、低保和扶贫政策两项制度衔接不到位造成漏评和贫困户错退等三个方面问题开展排查，将农村低保制度与扶贫开发政策有效衔接工作作为当前扶贫工作的重点统筹安排，统一部署、同步推进建档立卡贫困户、农村低保对象、农村特困人员"三保障"工作。为加强贫困农户对于政策的了解程度，村委会可以通过公告栏或者政策宣讲会议等形式向贫困农户普及扶贫政策。各级政府部门通过广播、电视等媒体渠道宣传扶贫政策。重视扶贫绩效管理，考核扶贫工作绩效，注重脱贫质量。对扶贫领域违纪问题进行严肃查处。

参考文献

陈全功、程蹊:《少数民族山区长期贫困与发展型减贫政策研究》,科学出版社,2014。

傅安国、黄希庭:《开展心理精准扶贫,破解世代贫困难题》,中国社会科学网,2018 年 3 月。

海南省扶贫工作办公室:《落实"关于进一步做好我省旅游扶贫工作的建议"措施》,南海网,2017 年 7 月 26 日。

何长辉:《农户行为与民营橡胶产业发展研究——基于海南白沙县的调查》,海南大学硕士学位论文,2013。

潘劲:《红林村——一个京郊山村的经济社会变迁》,中国社会科学出版社,2016。

潘劲:《烟庄村——一个劳动力流出村庄的经济社会变迁》,中国社会科学出版社,2011。

王凤龙:《海南农村脱贫攻坚任务单》,《海南日报》,2016 年 10 月 17 日。

向德平、张大维:《连片特困地区贫困特征减贫需求分析——基于武陵山片区 8 县 149 个村的调查》,经济日报出版社,2016。

萧菲、符文科:《白沙打安镇打安村迎蝶变》,《海南日报》

2017 年 7 月 1 日。

徐旭初、吴彬:《贫困中的合作: 贫困地区农村合作组织发展研究》,浙江大学出版社,2016。

张俊林、操戈、邓卫哲:《海南近千家民企参与扶贫开发》,《农民日报》2017 年 12 月 5 日。

张蔚兰:《建设绿色家园助推脱贫攻坚——海南白沙县开展绿色减贫实践》,《中国扶贫》2018 年第 5 期。

赵子导:《海南扶贫开发二十年纪实》,海南省委机关印刷厂,2008。

后　记

　　"精准扶贫精准脱贫百村调研"在海南实施的项目由中国社会科学院农村发展研究所潘劲研究员主持，海南大学经济与管理学院张德生副教授组织实施。在项目调研实施前，潘劲研究员与海南大学经济与管理学院李世杰教授联系项目合作事宜，确定由张德生副教授参与并负责具体组织。双方讨论了样本村的选择和具体的调研安排。经过多次协调，最后确定选择海南省白沙县打安镇打安村。2016年12月，调研组开始收集相关背景资料。2017年3月，调研组协调落实调研安排，布置村问卷调查。4月，调研组开始入驻村庄开展入户调查和村干部访谈。7~8月，调研组开展补充性调查和扩展性调查，完善了村问卷，调研2017年上半年村庄的最新发展变化。12月，调研组入村进一步开展补充调查，收集调研报告写作的建议，修订完善报告。

　　通过这次调研，调研组成员深刻认识到党和国家对扶贫工作的重视，感受到各级干部职工对扶贫工作的付出和努力，了解到白沙县贫困户的状态以及发生的积极改变，体会到贫困户脱贫的努力和脱贫后的幸福。打赢脱贫攻坚战，是党的十九大提出的三大攻坚战之一，其力度之大、规模之广、影响之深远前所未有。"精准扶贫精准脱贫百村调研"项目的实施，使调研组有幸将上述感受和变化记录下来并引发思考。

调研的顺利实施和调研报告的最终完成，是众人参与和支持的结果，在此由衷地对所有参与者表示衷心的感谢。

首先，要感谢为这次调研工作提供支持的海南省扶贫办、白沙县委县政府、白沙县扶贫办以及打安镇的领导。海南省扶贫办政策法规处处长阴若珂对调研给予了积极支持，直接指导村庄选择和调研工作的开展。海南省扶贫办宣传信息中心副主任张俊林不仅为课题组提供了海南省扶贫的有关文件资料，而且协调了样本村的选择，全程陪同在打安村的入户问卷调查，多次打电话询问进展情况并主动提供帮助。白沙县委书记张蔚兰、县长胡翔指示对调研工作给予支持。副县长何方长出席了精准扶贫百村调研座谈会，对调研工作做了总体部署。副县长周秋平从样本村选择开始就给予本课题组以积极的支持。白沙县扶贫办邓成耀主任、丁静副主任具体协调并全程陪同各次调研工作，尽可能为课题组提供翔尽的扶贫资料。县政协副主席、打安镇党委书记王宪，打安镇镇长符郭敏组织了打安镇、打安村扶贫座谈会，对调研工作进行了布置，并陪同入村调研、实地考察。镇纪委书记吴志海、干部黄婼、打安村第一书记管琼林、大学生村官吴俊才则分别从乡镇和村委会层面为课题组提供了丰富的资料，陪同入村入户调查。白沙县政府办副主任王玉伟也对调研开展提供了许多帮助。另还有白沙县扶贫办、打安镇很多干部在调研过程中给予调研组大力的支持，在此一并表示感谢！正是由于他们的鼎力相助，课题的调研工作才得以顺利开展。而对他们的访谈，则对调研报告的最终完成起了至关重要的作用。

其次，要感谢在入户入村调研中给予调研组以支持的打安村干部和村民。打安村委会全体村干部参加了课题组的调研动员会，并协助课题组成员进行调研。吴俊才和打安村委会书记高有才、文书符汉玲按照名单挨家挨户联系访谈农户，带领调查员走村串户。打安村61户农户，其中建档立卡户31户，非贫困户30户，因为不便，我们没有一一列出他们的名字。还有专业合作社负责人张德志、杨贺顺等，正是他们接受了问卷调查或访谈，调研组才能收集到宝贵的数据。

潘劲研究员和张德生副教授负责报告大纲设计和全文统稿。具体执笔分工如下：张德生负责第一、第八章，并和旅游学院罗富晟讲师负责第七章；海南大学经济与管理学院李春助教负责第二章；陈国汉讲师负责第五章；朱月季讲师负责第六章；中国热带农业科学院橡胶所何长辉助理研究员负责第三章和第四章。参与调研的除上述人员外，还有海南大学经济与管理学院硕士研究生何昱辛、张世忠、夏欢、高挺、刘芳园、曾繁锦、任怡楠、廖雨葳，热带农林学院本科生刘妃；中国社会科学院农村发展研究所陈秋红副研究员和硕士研究生郝小瑶。他们参与了问卷调查和访谈，何昱辛和张世忠还负责调研照片拍摄，文中多数照片由他们提供。

开展百村调研的目的是及时了解和展示中国当前处于扶贫攻坚战最前沿的贫困村的贫困状况、扶贫动态和贫困村的社会经济发展趋势，从村庄脱贫实践中总结当前精准扶贫精准脱贫的经验教训，为中国当下进一步的精准脱贫事业提供经验和政策借鉴。与此要求相比，本报告努力获取和记录更多信息，但仍存在很多不足，在扶贫经验做法等点上面上的深度挖掘、典型案例分析、增强理论性以及提出建设性建议方面还需要进一步的努力。

课题组

2018 年 10 月

图书在版编目(CIP)数据

精准扶贫精准脱贫百村调研. 打安村卷:发展特色
产业与黎族村脱贫之路 / 潘劲等著. -- 北京:社会科
学文献出版社, 2018.12
　　ISBN 978-7-5201-4022-5

　　Ⅰ.①精… 　Ⅱ.①潘… 　Ⅲ.①农村-扶贫-调查报告
-白沙黎族自治县 　Ⅳ.①F323.8

中国版本图书馆CIP数据核字(2018)第278715号

·精准扶贫精准脱贫百村调研丛书·

精准扶贫精准脱贫百村调研·打安村卷
　　——发展特色产业与黎族村脱贫之路

著　　者 / 潘　劲　张德生　等

出 版 人 / 谢寿光
项目统筹 / 邓泳红　陈　颖
责任编辑 / 陈　颖

出　　版 / 社会科学文献出版社·皮书出版分社 (010) 59367127
　　　　　　地址:北京市北三环中路甲29号院华龙大厦　邮编:100029
　　　　　　网址:www.ssap.com.cn
发　　行 / 市场营销中心 (010) 59367081　59367083
印　　装 / 三河市尚艺印装有限公司
规　　格 / 开　本:787mm×1092mm 1/16
　　　　　　印　张:14.25　字　数:144千字
版　　次 / 2018年12月第1版　2018年12月第1次印刷
书　　号 / ISBN 978-7-5201-4022-5
定　　价 / 59.00元